weber's barbecue- en grillboek

weber's barbecue- en grillboek

matthew drennan
fotografie door chris alack

Gepubliceerd door MQ Publications Ltd.
Unit 12, The Ivories, 6–8 Northampton Street,
Londen N1 2HY

Copyright © 2001 Weber-Stephen Products Co.
Illustrations © 2001 Marc DandoMQ
Publications Ltd onder exclusieve licentie van Weber-Stephen Productions Co.

4e druk © 2004 voor de Nederlandse taal: Tirion Uitgevers, Baarn
Vertaling: Studio Imago, Catalien Neelissen
Zetwerk: Studio Imago, Amersfoort
ISBN: 90 4390 203 9
Nugi 421

www.tirionuitgevers.nl

Alle rechten voorbehouden. Niets uit deze uitgave mag worden verveelvoudigd in een geautomatiseerd gegevensbestand, of openbaar gemaakt, in enige vorm of op enige wijze, hetzij elektronisch, mechanisch, door fotokopieën, opnamen, of enige andere manier, zonder voorafgaande toestemming van de uitgever.

Redactionele team:
    Redactiemanager: Ljiljana Ortolja-Baird
    Redacteuren: Kate John, Marian Temesvary
    Fotografie: Chris Alack
    Voedselstylisten: Carol Tennant, Matthew Drennan
    Illustraties: Marc Dando
    Omslagontwerp: Simon Balley
    Boekconcept: Broadbase
    Bladzijde layout: Yvonne Dedman
    Recepten: Matthew Drennan; Sunset Books Inc; Weber-Stephen Products Company.
    Fotografie credits: Weber-Stephen Products, Co.
    Stephen Hamilton, blz. 10 (linksonder), blz. 23, blz. 145

Geproduceerd door:
    MQ Publications: Zaro Weil, directeur en uitgever
    Weber-Stephen Products Co: Mike Kempster, Sr, Uitvoerend vice president; Marian Temesvary, Director of Marketing
Heatbeats® is een geregistreerde trademark van Australian Char Pty Ltd.

> De in de recepten gebruikte theelepels hebben een inhoud van 5 ml, de eetlepels van 15 ml.

inhoud

- 6 **voorwoord**
- 8 **inleiding**
- 11 **basisprincipes van de barbecue:**
  - hoe gebruikt u de barbecue
  - marinades, mixen en kruidenboters
- 31 **voorgerechten**
- 43 **vis, schaal- en schelpdieren**
- 63 **gevogelte**
- 85 **vlees**
- 105 **amerikaanse klassiekers**
- 117 **groenten en vegetarische gerechten**
- 133 **salades en sauzen**
- 143 **desserts**
- 158 **register**
- 160 **verantwoording**

voorwoord

Wij van Weber hebben een lange en mooie barbecuetraditie. Sinds George Stephen in 1952 de Weber kettle grill uitvond, is grillen ons vak. In de daarop volgende 25 jaar hebben we de oorspronkelijke 'spoetniks' omgevormd tot een icoon van de Amerikaanse manier van leven. In 1985 vernieuwden we het barbecuen opnieuw aanzienlijk met de introductie van de Genesis-gasgrill die eveneens een geliefd object voor in de achtertuin is geworden.

In het besef dat barbecuen een oude kookvorm is van veel culturen, besloten we ook eens buiten onze grenzen te gaan kijken en onze producten en ons grill-enthousiasme uit te dragen naar andere landen. Dus reisde ik in 1976 naar Keulen om onze eerste Europese beurs bij te wonen. Ik wist niets van de Europese grillgewoonten maar vermoedde dat als de mensen onze ketels eenmaal hadden gezien en geprobeerd, ze wel zouden vallen voor de 'Weber-wijze'. De ontvangst van onze producten was zeer bemoedigend en sindsdien krijgen we steeds meer enthousiaste aanhangers in Europa. We hebben in al die jaren veel geleerd. We hebben met consumenten gesproken en naar hun barbecueverhalen geluisterd, zowel naar de succesverhalen als naar de 'horror stories'. We hebben allerlei plaatselijke recepten en ingrediënten geprobeerd en ze met veel succes op onze eigen producten toegepast.

Vandaar dit kookboek. We hebben recepten opgenomen die recht doen aan het brede spectrum van smaken en ingrediënten dat de Europese en andere keukens hebben bijgedragen aan het barbecuen. Dit boek concentreert zich op het vlees, de vis, het gevogelte en de streekgerechten van de Europese landen. De recepten zijn samengesteld door ons team van Europese voedselspecialisten – een bekroonde kok, schrijver, fotograaf en uitgever – en zorgvuldig getest door plaatselijke bewoners. Ze omvatten zowel de traditionele als de meer exotische keukens die de Europese kookkunst heeft omarmd, zoals bijvoorbeeld de Aziatische en de Afrikaanse. Elk recept berust op onfeilbare grillmethoden en verse ingrediënten, waardoor de karakteristieke smaak ervan wordt benadrukt.

Het brede scala aan recepten voorziet in elke gelegenheid en elke smaak. De verschillende gangen worden stuk voor stuk inspirerend behandeld,

wat u de mogelijkheid biedt een royaal viergangendiner, een intiem etentje of een familielunch op de barbecue te bereiden.

Tijdens het totstandkomen van dit boek kreeg ik de kans door de recepten te bladeren en er een aantal uit te proberen op m'n eigen grill in Chicago. Hun diversiteit herinnert me aan de vele verrukkelijke barbecues bij m'n Europese vrienden.

Ik hoop dat dit boek met oude vertrouwde, maar ook nieuwe inspirerende recepten uw smaakpapillen zal kietelen en u ertoe zal aanzetten zo vaak mogelijk te barbecuen. Elk recept dat u kiest, elke tip die u toepast zal bijdragen aan een onvergetelijk barbecuefestijn met vrienden en familie.

Geniet ervan en bon appetit!

Mike Kempster

Mike Kempster, Sr.
Directeur Weber-Stephen Products Co.

inleiding

Barbecuen of grillen is een essentieel onderdeel van het moderne leven. Al vele jaren wordt over de hele wereld de barbecue buiten gezet, komen mensen samen om te ontspannen, te koken en te genieten van het goede leven. Wie kan immers de heerlijke smaak en aanlokkelijke geuren weerstaan van sappig gegrilde vis, vlees of groenten op een warme zomeravond?

We hebben lang gedacht dat voedsel van de barbecue voor de massa was – hamburgers, worstjes, soms een steak of karbonade. Maar in de loop der jaren zijn er meer gerechten bij gekomen, met veel nieuwe ingrediënten en een nieuwe benadering van meer bekende gerechten. In dit boek beginnen we met de basis, houden de zaken simpel en werken alleen met ingrediënten die verkrijgbaar zijn in de supermarkt.

Om goed te kunnen barbecuen heeft u het juiste gereedschap nodig. We vinden dat u dus in ieder geval een barbecue met een deksel nodig hebt. (De beste barbecue 'ketels' hebben een vaste deksel, terwijl gasbarbecues meestal een verwijderbare deksel hebben.) Als voedsel op een open vuur wordt bereid, duurt het langer om het eten te bereiden en zullen smaken vervliegen of uit het eten lopen. Een deksel houdt het vlees sappig, zorgt dat de hitte circuleert en verkort de bereidingstijd. Het grillen zonder deksel is eigenlijk hetzelfde als een cake bakken met de ovendeur open!

Veel enthousiastelingen vragen zich af wat ze het beste kunnen gebruiken: gas of kolen? Testen met geblinddoekte mensen laten zien dat de meesten het verschil niet proeven en beide typen hebben voordelen. Sommige mensen prefereren het bouwen van een vuurtje met kolen, terwijl anderen gaan voor de schone en snelle manier van de gasgrill. Weet in ieder geval dat wat u ook kiest, met dit boek zit u op de juiste weg naar succesvol grillen. Alle recepten zijn uitgeprobeerd op zowel een gas- als een kolengrill en in alle recepten staat precies aangegeven hoe het moet. Zowel de kolen- als de gasbarbecue zijn geschikt voor direct en indirect koken. Met directe bereiding wordt bedoeld dat het voedsel direct op de hittebron ligt, terwijl bij indirecte bereiding het voedsel in de hitte wordt geplaatst die rondgaat in de grill, zoals bij een heteluchtoven.

In het hoofdstuk Basisprincipes van de barbecue laten we zien hoe u de barbecue opzet – of u nu gas of kolen gebruikt. Hoe u het vuur aanmaakt en beheerst, hoe u de barbecue schoonmaakt en hoe u rooktechnieken op de juiste wijze gebruikt. Ieder hoofdstuk begint met een inleiding over het perfectioneren van de basis; dichtschroeien van steaks, sappig houden van kip, het maken van grillstrepen op het eten, het verkrijgen van sappige stukken vis die niet op het rooster plakken en andere technieken die u zullen helpen om het barbecuen te perfectioneren. 'Opmerkingen van de kok' staan door het hele boek om bepaalde methodes te verklaren en een deel gaat over het gebruiken van het juiste gereedschap.

Naast dit alles is barbecuen vooral een heleboel plezier hebben. Door de ingrediënten eenvoudig te houden, de stappen te plannen en het proces te delen met vrienden en familie is succes gegarandeerd. Dit boek juicht het koken in de buitenlucht toe en geeft een ruime keuze aan recepten om de gebeurtenis zo simpel of spectaculair te maken als u zelf wilt. In dit boek staan de basisprincipes die u nodig heeft met een ruime keuze aan recepten. Dus of het nu regent of de zon schijnt, het echt buiten grillen gebeurt hier...

Gebruik van de recepten

Richtlijnen	Moeilijkheidsgraad
	Eenvoudig
	Gemiddeld
	Moeilijk

basisprincipes van de barbecue

Dit hoofdstuk onthult de grote voordelen van een afsluitbare barbecue, of geëmailleerde ketel – hij kan niet alleen grillen, maar ook bakken en braden. Doordat hij de keuze biedt tussen directe en indirecte bereiding, benut hij meer warmte, verkort hij de totale grilltijd en geeft hij de kok meer controle over het kookproces. U leert van alles over de beste grillmethode voor het voedsel dat u wilt bereiden – variërend van aanmaakmethoden tot de stukken vlees die het meest geschikt zijn voor gasbarbecues. Dit hoofdstuk bevat ook veiligheidswenken, advies over barbecue-accessoires en tips om het grillen eenvoudig en leuk te maken.

In veel recepten in dit boek worden heerlijke marinades en zelfgemaakte boters en oliën gebruikt, die er mede voor zorgen dat het gegrilde voedsel z'n sappen vasthoudt. U kunt ze met een minimum aan moeite van tevoren bereiden.

houtskoolbarbecue

Het geheim van koken op een houtskoolbarbecue zit in het juiste gebruik van het deksel en het ventilatiesysteem. De ventilatiegaten in de bodem trekken koele, zuurstofrijke lucht aan die het vuur voedt. De lucht wordt heet en trekt dankzij de unieke ketelvorm rond het voedsel op de grill, om ten slotte via het bovenste ventilatiegat weg te stromen. De grill werkt dus op dezelfde manier als een heteluchtoven, wat hem ideaal maakt voor groot vlees en heel gevogelte, naast de meer gebruikelijke biefstukjes en worstjes.

De temperatuur is aan het begin van het grillproces altijd hoger dan tegen het eind, als de kooltjes op raken. Bij indirect koken kunt u om het uur aan beide kanten nieuwe kolen bijvoegen zodat de kerntemperatuur constant blijft (zie tabel op blz. 17 voor de hoeveelheden).

Het aansteken van de grill

1 Verwijder het deksel en zet alle ventilatiegaten open.

2 Spreid de briketten over het rooster uit (het zware rooster onder in de grill) en vorm er daarna in het midden een bergje van. Het uitspreiden is om te bepalen hoeveel u nodig hebt.

3 Voeg 4 tot 5 aanmaakblokjes toe (zie **figuur 1**).

4 Steek de aanmaakblokjes aan en laat de kooltjes branden tot er een grijs aslaagje op ligt. Dit duurt zo'n 25-30 minuten (zie **figuur 2**). U kunt ook een houtskoolstarter gebruiken (zie blz. 13). Schik de kooltjes nu met de tang in de positie voor de grillmethode die u gebruikt, de directe of de indirecte. Zet daarna het grillrooster boven het houtskool. De grill is nu klaar voor gebruik (zie **figuur 3**).

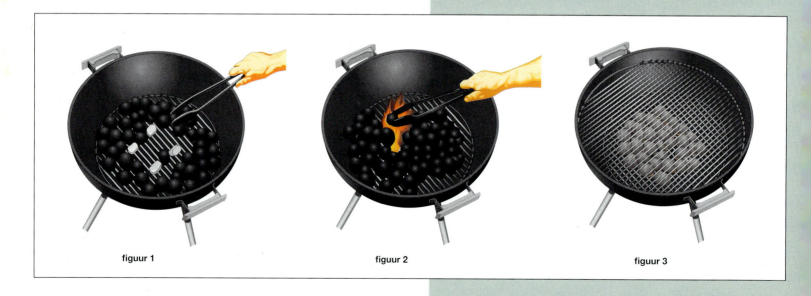

figuur 1   figuur 2   figuur 3

Aanmaakmiddelen

■ **Aanmaakblokjes** Gebruik niet de aanmaakblokjes voor de open haard. Ze bevatten paraffine, en die bederft het voedsel. Barbecueblokjes zijn was-achtige blokjes of stokjes die de barbecue aansteken zonder schadelijke dampen af te geven. Schuif er vier of vijf tussen de houtskool en steek ze aan met een lontje of een haardlucifer. Ze zijn gemakkelijk, schoon en veilig (gebruik alleen blokjes die speciaal voor de barbecue zijn).

■ **Aanmaakvloeistof** Ga hier voorzichtig mee te werk. Sproei het op de droge kooltjes, laat het een paar minuten intrekken en steek het dan aan met een lontje of een haardlucifer. Sproei het nooit op de brandende, hete kolen omdat de vlammen dan in de fles kunnen terugslaan en voor ernstig letsel kunnen zorgen.

Houtskoolstarter

*De houtskoolstarter, een metalen bus met een handvat, bevat een hoeveelheid houtskool. Onder in de bus worden aanmaakblokjes of krantenproppen gedaan, de houtskool komt erbovenop. De wanden van de brandende houtskoolstarter concentreren de vlammen en hitte op de houtskool, waardoor de kooltjes sneller gaan branden en grijs worden. De houtskoolstarter kan op het rooster worden gezet tot de kooltjes klaar zijn. Kiep ze dan simpelweg op het rooster en schik ze overeenkomstig de grillmethode (zie **figuur 5** en **figuur 8**).*

Directe bereiding

Deze grillmethode wordt aanbevolen voor steaks, karbonaadjes, kebabs, worstjes, groenten en voedsel dat binnen 25 minuten gaar is. Houd het deksel op de ketel: dit geeft het beste resultaat.

1 Maak de houtskoolbarbecue klaar voor gebruik volgens de aanwijzingen op blz. 12 en verdeel de kooltjes dan gelijkmatig over het rooster (zie **figuur 5**).

2 Leg het voedsel midden op het rooster, zet het deksel op de grill en bak direct boven de warmtebron (zie **figuur 6**). De hitte bereikt het voedsel direct van onderaf. Draai het voedsel om halverwege de aanbevolen bereidingstijd.

Directe bereiding

figuur 4

figuur 5   figuur 6

14 Basisprincipes van de barbecue

Indirecte bereiding

Deze methode wordt aanbevolen voor groot gebraad, ribstukken, compleet gevogelte en andere grote stukken vlees.

1 Maak de barbecue klaar voor gebruik volgens de aanwijzingen op blz. 12 en verdeel de kooltjes gelijkmatig langs de zijkanten van het rooster. Zet midden op het rooster een druipbakje met hierin een klein beetje water (zie **figuur 8**). Dit voorkomt dat het vuur opvlamt, met name bij vet voedsel, en vangt het vet op dat eventueel voor jus of een saus kan worden gebruikt.

2 Leg het voedsel midden op het rooster, zet het deksel op de grill en rooster indirect (zie **figuur 9**). De hitte stijgt op rond het voedsel en weerkaatst van de wanden van de ketel, waardoor het voedsel rondom gaar wordt (zie **figuur 7**). De circulerende hitte werkt als een heteluchtoven, dus u hoeft het voedsel niet te keren. Voeg, afhankelijk van de kwaliteit van de kooltjes (zie de tabel op blz. 17), elk uur houtskoolbriketten toe om de temperatuur op peil te houden.

Indirecte bereiding

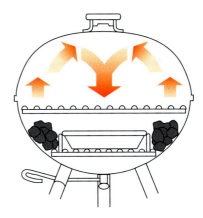

figuur 7

figuur 8

figuur 9

Roken op een houtskoolbarbecue

U kunt gegrild voedsel een speciale smaak geven door voor de bereiding natuurlijke of kunstmatige smaakstoffen bij de gloeiende kooltjes te doen. Ingrediënten die ook bij het roken worden gebruikt, geven de typerende geur en aroma's af. Er zijn tegenwoordig allerlei gearomatiseerde houtkrullen te koop in geuren zoals appel, kersen, esdoorn, walnoot, eiken, pecannoot en wijnstok. Ze moeten 30 minuten in koud water worden geweekt voor ze op de kooltjes kunnen. Natuurlijke aroma's komen onder meer van kruidentakjes zoals rozemarijn, laurier of tijm. Leg de natte takjes op de kolen voor u het voedsel gaat grillen. U kunt ook 30 minuten in water geweekte walnoot- of hazelnootdoppen gebruiken.

Houtskool voor de barbecue

Er bestaan vele soorten houtskool, maar er zijn twee hoofdsoorten: houtskoolbrokken en houtskoolbriketten. Houtskoolbrokken branden sneller en geven grotere hitte dan briketten.

■ **Houtskoolbrokken** Dit is geen fossiele brandstof die gedolven wordt zoals kool, maar hout dat gebrand is in een steenoven. Daarbij verkoolt het hout en worden alle afvalproducten verdreven, waardoor er een zeer lichte, zwarte, brandbare vorm van koolstof overblijft. Kies voor de betere merken met hun wat grotere brokjes die gemakkelijker zijn aan te steken en langer branden. Sommige merken zijn met een ontstekingsmiddel geïmpregneerd en worden verkocht in een zak. De zak wordt in z'n geheel op de barbecue geplaatst en aangestoken.

Omdat er voor dit type houtskool hout nodig is, nam de zorg over ontbossing toe naarmate het barbecuen wereldwijd meer in zwang kwam. Er is nu een internationale organisatie, de Forest Stewardship Council (FSC), die wordt gesteund door het Wereldnatuurfonds en toezicht houdt op hoeveel en waar er wordt gekapt. Koop dus houtskool waar het FSC-logo op staat.

■ **Houtskoolbriketten** Dit zijn gelijkvormige blokken brandstof die zijn gemaakt van met klei en bruinsteen gemengd houtskoolpoeder. Ze branden langer dan brokken. Er bestaan twee soorten briketten: de grote vierkante en de kleinere ronde, die ook eieren worden genoemd. Deze verbranden wat sneller dan de traditionele vierkante – zie de tabel hiernaast voor een vergelijking. Het is een goed idee om het aantal briketten dat u gebruikt, te tellen. Na een tijdje kunt u de hoeveelheid dan op het oog inschatten. Gebruik de tabel hiernaast om vast te stellen hoeveel briketten u nodig hebt, afhankelijk van het type.

Houtachtige kruiden zoals rozemarijn kunnen vlak voor het grillen op de kool worden gestrooid voor extra smaak.

Hoeveel barbecuebrandstof heeft u nodig

BBQ ketel	vierkante traditionele houtskoolbriketten	
37cm doorsnee	8–16 beide kanten	12–24 beide kanten
47cm doorsnee	16–32 beide kanten	28–56 beide kanten
57cm doorsnee	25–50 beide kanten	44–88 beide kanten
95cm doorsnee	4–8kg beide kanten	4–8kg beide kanten
Houtskool Go-Anywhere®	22–44 beide kanten	12–24 beide kanten

Hoeveel barbecuebriketten heeft u per uur nodig voor indirect koken

BBQ ketel	Aantal briketten per kant / per uur
37cm doorsnee	6
47cm doorsnee	7
57cm (doorsnee	9
95cm doorsnee	22
Houtskool Go-Anywhere®	6

gasbarbecues

Gasbarbecues hebben een groot voordeel boven houtskoolgrills en dat is de snelheid. Zodra de gasfles is aangesloten, is de rest net zo simpel als het aanzetten van uw heteluchtoven. Druk op de ontstekingsknop en binnen tien minuten is de barbecue klaar voor gebruik.

Gasbarbecues branden op vloeibaar gas, namelijk op butaan of propaan. Dit vloeibare gas staat in de fles onder matige druk. Als de druk wegvalt, verdampt de vloeistof en wordt hij gas.

Het aansteken van de gasbarbecue

1 Controleer of er genoeg brandstof in de fles zit (sommige barbecues hebben gasmetertjes). Open het deksel. Kijk of alle branderknoppen uit staan.

2 Draai de gaskraan op de fles open.

3 Zet één brander aan en steek de grill met een ontstekingsknop of een lucifer aan volgens de aanwijzingen van de fabrikant. Zet als de gasvlam brandt de overige branders aan.

4 Sluit het deksel en verwarm de grill voor op 245-275 °C. Dit duurt ongeveer 10-15 minuten. Stel de branders nu in overeenkomstig de bereidingsmethode, direct (zie **figuur 10**) of indirect (zie **figuur 12**). De barbecue is nu helemaal klaar voor gebruik.

■ **Lees altijd de veiligheidsvoorschriften voor het gebruik van gasflessen.**

Roken boven een gasbarbecue

Een gasbarbecue leent zich goed voor roken. Week houtschilfers naar keuze 30 minuten in koud water (zie blz. 16). Leg ze in een bakje van folie of in een speciale rookbak. Verwijder als u een foliebakje gebruikt het rooster, plaats het bakje in de voorste linkerhoek van de barbecue pal op de warmtebron, en leg het rooster terug. Ontsteek de barbecue en verwarm hem voor. De rook vormt zich tijdens het voorverwarmen vóór het voedsel op de grill komt. Leg als de grill op temperatuur is het voedsel midden op het rooster en gril het overeenkomstig het recept. Zet het voedsel nooit direct boven het bakje met rokende houtkrullen.

Het reinigen van de gasbarbecue

U kunt uw gasbarbecue het best telkens vlak voor het gebruik reinigen. Borstel als de barbecue heet is met een harde borstel of een prop aluminiumfolie de aankoeksels van de roosters. De hitte 'steriliseert' de roosters, en door het borstelen verwijdert u resterende smaakjes, vetten of etensresten. Deze schoonmaaktip geldt ook voor houtskoolbarbecues.

Indirecte bereiding

Deze methode wordt aanbevolen voor groot gebraad, ribstukken, heel gevogelte en andere grote stukken vlees.

Ontsteek de barbecue en zet alle branders op de hoogste stand, sluit het deksel en laat de grill op temperatuur komen. Leg het voedsel midden op het rooster en zet de brander(s) pal onder het voedsel uit. Zet de branders aan weerszijden van het voedsel op de gewenste temperatuur. Sluit het deksel en gril indirect (zie **figuur 12**). De hitte stijgt op rond het voedsel en weerkaatst van de wanden van de grill, waardoor het voedsel rondom gaar wordt. Deze circulerende hitte werkt als een heteluchtoven, dus u hoeft het voedsel niet te keren (zie **figuur 13**).

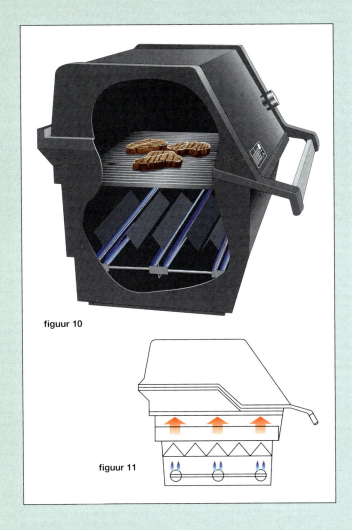

figuur 10

figuur 11

Directe bereiding

Deze directe methode wordt aanbevolen voor biefstukjes, karbonaadjes, kebabs, worstjes en voedsel dat binnen 25 minuten gaar is.

Ontsteek de barbecue en zet alle branders op de hoogste stand, sluit het deksel en laat de grill op temperatuur komen. Leg het voedsel midden op het rooster (zie **figuur 10**). Zet de branders op de gewenste temperatuur. Sluit het deksel en gril direct boven de warmtebron (zie **figuur 11**). Draai het voedsel halverwege de gaartijd één keer om.

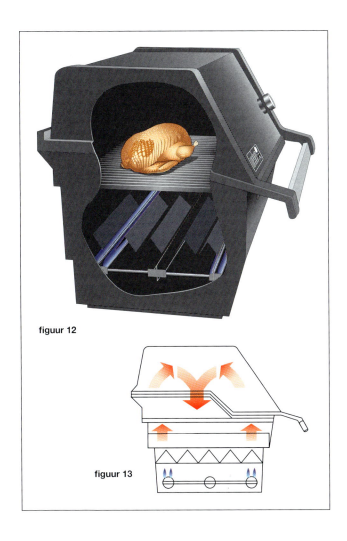

figuur 12

figuur 13

handige tips en wenken

Tips voor bij het grillen

- Zorg dat gas- en houtskoolbarbecues op temperatuur zijn voor u gaat grillen.

- Gril altijd met het deksel dicht voor het beste resultuaat.

- De grilltijden in de tabellen en recepten zijn bij benadering omdat ze afhankelijk zijn van de hoeveelheid, omvang en vorm van het voedsel en van het weer. Reken op koele dagen een langere tijd dan op warme dragen.

- Een vol rooster zal meer griltijd vergen dan een half leeg rooster. Zorg ervoor dat de stukjes voedsel elkaar niet raken zodat de hitte er goed omheen kan.

- Snijd overtollige vetrandjes weg van het vlees zodat er een randje van hoogstens 5 mm overblijft. Dit voorkomt vlammen.

- Als u een marinade, een glazuur of saus gebruikt met veel suiker of een ander ingrediënt dat snel verbrandt, strijk die dan pas de laatste 10-15 minuten van de bereidingstijd op het voedsel.

- Het omkeren van het voedsel gaat het best met een spatel of een tang, maar pas op dat u het niet plet – denk aan hamburgers – zodat er geen sappen uitlopen.

Veiligheidswenken

- **Zet de barbecue of de grill op een beschutte plaats op een vlakke ondergrond, uit de buurt van gebouwen, schuttingen en bomen om brand te voorkomen.**

- **Ga nooit barbecuen als het flink waait.**

- **Volg altijd de instructies van de fabrikant voor een juist gebruik van uw houtskool- of gasbarbecue.**

- **Houd kinderen en huisdieren uit de buurt van de warmtebron en heet kookgerei.**

- **Laat bederfelijk voedsel tot vlak voor gebruik in de koelkast of koelbox staan.**

- **Gebruik verschillende planken en borden voor rauw en gaar voedsel.**

- **Zorg ervoor dat worstjes en gevogelte goed gaar zijn voor u ze van de grill haalt.**

- **Gebruik kookgerei met lange stelen en draag ovenwanten om brandwonden te voorkomen.**

- **Roestvrijstalen spiezen houden nadat ze van de grill zijn gekomen nog lang warmte vast. Waarschuw uw gasten.**

- **Leg overgebleven gegrild voedsel na het afkoelen meteen in de koelkast of koelbox.**

- **Controleer of alle kooltjes gedoofd zijn voor u de barbecueplaats verlaat.**

- **Onthoud dat water en vuur vijanden zijn. Sommige mensen houden een fles water of een een spray bij de hand om opschietende vlammen te doven. Dat is verkeerd. Stoom kan ernstige brandwonden veroorzaken en koud water op een hete grill kan het email doen barsten. Voorkom vlammen door overtollige vetrandjes van tevoren van het vlees te snijden.**

- **Als er toch vlammen oplaaien, schuif het vlees dan opzij tot ze zijn gedoofd.**

Voorkom problemen

De meeste openluchtkoks vinden met vallen en opstaan zelf de weg naar succes, maar let op deze veelvoorkomende valkuilen.

- **Heb geduld bij het aansteken van een houtskoolbarbecue.** Het duurt 25-30 minuten voor hij op temperatuur is. Dan ligt er een lichtgrijs aslaagje op de kooltjes. Als u het voedsel er te vroeg op legt, kan de bereidingstijd langer worden en vlees kan zelfs taai worden. Dat beïnvloedt de smaak, evenals aanmaakblokjes die niet goed zijn opgebrand.

- **Wees niet te fanatiek met aanmaakvloeistof,** want dat kan tot ernstige brandwonden leiden. Gebruik nooit benzine of andere zeer vluchtige vloeistoffen om houtskool aan te steken. Gebruik slechts aanmaakvloeistof van de fabriek, en laat die eerst goed intrekken. Sproei hem nooit op reeds warme of hete houtskool. Volg altijd de aanwijzingen van de fabrikant en maak er spaarzaam gebruik van.

- **Verschillend voedsel, verschillende bereidingswijzen.** Zorg dus dat u de juiste kiest. Ken het verschil tussen de directe en indirecte bereiding.

- **Prik niet te veel in het voedsel.** Telkens als het deksel opengaat, ontsnapt er hitte, wat de bereidingstijd verlengt. Bereken de bereidingstijd en open het deksel slechts om kooltjes toe te voegen of het voedsel te keren.

- **Laat de ventilatiegaten boven of onder in een houtskoolbarbecue tijdens het grillen openstaan** want daardoor kan de lucht circuleren en blijven de kolen branden.

- **Draai het voedsel niet te vaak om.** Meestal, en vooral bij de directe methode, hoeft dit maar één keer: halverwege.

- **Prik geen vork in het vlees om het keren,** want dan vloeien de sappen weg door de gaatjes.

- **Veel mensen denken dat kortstondig grillen van vlees op hoog vuur voorkomt dat de sappen wegvloeien.** Maar hierbij verbrandt het vlees aan de buitenkant terwijl de binnenkant rauw blijft. U kunt het vlees beter eerst een paar minuten direct 'schroeien' en het daarna indirect verder grillen. Dit wordt combinatiegrillen genoemd.

- **Bedek de bodem van de grill of het rooster nooit met aluminiumfolie.** Dat belemmert de luchtcirculatie. Ook kunnen er plasjes vet door ontstaan die tot vlammen kunnen leiden.

accessoires

U hoeft echt niet elk nieuwigheidje voor bij het barbecuen aan te schaffen, maar er zijn een paar basisbenodigdheden die het werk gemakkelijker en vooral ook veiliger maken. Vuistregel één: gebruik kookgerei met lange stelen.

■ Hamburgers, steaks en tere visfilets kunt u het best met een metalen **spatel** keren. Kies een stevige van roestvrijstaal.

■ Een **kwastje** is essentieel om het voedsel of rooster van tevoren met olie te bestrijken zodat het voedsel niet vastkleeft. U kunt het ook tijdens het grillen bestrijken. Kies er een met natuurlijk haar.

■ Een **grillborstel** vergemakkelijkt het reinigen van het rooster. Zet de grill op hoog om voedselresten weg te branden, zet hem weer uit en borstel hem schoon. Kies er een met koperdraad, dat niet roest.

■ Een **tang** met een veer is geschikt voor het optillen en keren van de meeste soorten voedsel. Kies er een van roestvrijstaal met lange handvatten.

■ Met een **vork met een lange steel** kunt u gebraad en compleet gevogelte van de grill halen. Prik tijdens het grillen niet in het voedsel omdat er dan sappen wegvloeien. Gebruik ook geen vork bij kleine stukjes vlees.

■ Een goede **ovenwant** beschermt tegen heet kookgerei en de grill zelf. Een lange want beschermt bovendien de onderarm van de kok.

■ Een **keukenwekker** is niet noodzakelijk maar wel handig, om de volgende reden: met het deksel op de ketel verdwijnt het voedsel uit zicht en soms ook uit de gedachten. Een wekker herinnert u eraan dat u het voedsel moet keren, controleren of serveren.

■ Een **vleesthermometer** helpt u telkens opnieuw een perfect gebraad te bereiden. Hij geeft de kerntemperatuur aan van het vlees dat ligt te braden. Steek hem in het dikste deel van het vlees als u denkt dat het gaar is. Wacht een paar minuten en vergelijk de temperatuur dan met die op tijdtabellen (op blz. 66-67 voor gevogelte en op blz. 88-89 voor vlees). Laat de thermometer tijdens het braden niet in het vlees zitten.

■ Een **druipbakje** van folie of een met folie bedekt metalen bord houdt de bodem van de barbecue schoon doordat het vetten en sappen opvangt die tijdens het braden van het vlees druipen. Let erop dat het bakje groot genoeg is om alle druppels van het voedsel dat erboven ligt, op te vangen. Ook helpt het de brandstof te verdelen bij de indirecte methode in een houtskoolbarbecue.

■ **Spiezen** zijn ideaal om vlees of vis tegelijk met groenten en smaakmakers als laurier of chilipepers te grillen. Ze vereenvoudigen het leven van de kok omdat hij van tevoren kebabs kan maken in preciese porties, op de spiezen. Het is ook simpeler een paar kebabs rond te draaien dan om allerlei groenten en vlees of vis apart te moeten keren. U kunt eindeloos variëren met wat u aan de spies prikt en grilt. Je hebt spiezen in verschillende lengtes en materialen. Metalen spiezen komen het meest voor en het zijn goede warmtegeleiders, waardoor het voedsel ook van binnen goed gaart. Dubbele spiezen voorkomen dat het voedsel tijdens het grillen draait. Wegwerpspiezen van hout of bamboe zijn ook handig, maar ze moeten wel van tevoren geweekt worden in koud water. Dit voorkomt dat ze gaan branden.

Een borstel met lange steel is nodig voor het schoonmaken van de warme roosters tijdens het grillen.

Rechts: lange handvaten maken het barbecuen niet alleen veiliger, maar ook sneller en efficiënter.

22 Basisprincipes van de barbecue

marinades

Marinades verhogen de smaak van vlees, vis en groenten en kunnen die zelfs verbeteren. Wat mindere stukjes vlees hebben er baat bij als u ze even in olijfolie zet met een mengsel van uw favoriete kruiden. Marinades kunnen tevens een zuur ingrediënt zoals azijn of citroen bevatten, waardoor het vlees malser wordt. De meeste marinades zijn gebaseerd op olie, die het vlees vochtig houdt tijdens het grillen. Schraap overtollige olie eraf voor u gaat grillen om vlammen te voorkomen.

Laat het voedsel bij voorkeur op een koele plaats marineren, maar niet in de koelkast, want daardoor verflauwt de smaak. Als het twee uur of langer moet marineren, zet het dan koel weg en laat het voor het bereiden op kamertemperatuur komen. Zorg dat vlees of vis tijdens het marineren afgedekt is en draai de stukken halverwege om zodat alles egaal wordt bedekt. Gebruik overgebleven marinade niet voor het voltooide gerecht, want deze is in contact geweest met het rauwe vlees.

Als algemene richtlijn geldt dat vlees en kip ongeveer een uur nodig hebben terwijl vis al na 30 minuten is gemarineerd. Door het vlees of de vis in te kerven, versnelt u het proces.

Hiernaast, boven: **klassieke Chinese marinade**.

Hiernaast, midden: **pikante marinade met gember en yoghurt**.

Hiernaast, onder: **marinade van citroen, knoflook en oregano**.

De volgende recepten zijn voor ca. 1 kg vlees, gevogelte of vis

Marinade van rozemarijn en knoflook

Voor lams-, rund-, varkens- en kalfsvlees, kip of kalkoen

150 ml olijfolie
2 eetlepels witte-wijnazijn
3 tenen knoflook, grofgehakt
2 lange takjes rozemarijn, alleen het gekneusde blad
½ theelepel grofgekneusde peperkorrels

Doe alle ingrediënten in een kom en roer ze goed door elkaar. Leg het vlees of de kip in een enkele laag in een ondiepe schaal en giet de marinade erover. Dek af en laat 1 uur marineren.

Marinade van citroen, knoflook en oregano

Voor lams-, varkens- en kalfsvlees, kip, kalkoen of vis

150 ml olijfolie
1 citroen, het sap en de geraspte schil
1 grote teen knoflook, in dunne plakjes
2 eetlepels verse oregano, grofgescheurd
zout en versgemalen zwarte peper

Doe alle ingrediënten in een kom en roer ze goed door elkaar. Leg het vlees, de kip of de vis in een ondiepe schaal en giet de marinade ervoor. Dek af en laat 1 uur marineren.

Pikante marinade met gember en yoghurt

Voor lamsvlees, kip, eend, kalkoen of vis

250 ml yoghurt, naturel
2 tenen knoflook, geperst
2½ cm verse gember, geraspt
½ citroen, alleen het sap
1 theelepel gemalen komijn
1 theelepel gemalen koriander
½ theelepel geplet kardemomzaad
½ theelepel cayennepeper
½ theelepel zout
3 eetlepels verse munt, grofgescheurd

Doe de yoghurt in een kom. Voeg de overige ingrediënten toe en roer alles goed door elkaar. Leg het vlees, de kip of de vis in een ondiepe schaal en giet de marinade erover. Dek af en laat vlees of kip 1 uur marineren en vis 30 minuten. Eén keer omdraaien.

Klassieke Chinese marinade

Voor rund- en varkensvlees, kip, eend, of vis

2 eetlepels rijstwijnazijn
4 eetlepels sojasaus
1 eetlepel sesamolie
2 eetlepels vloeibare honing
2½ cm verse gemberwortel, geraspt
2 tenen knoflook, grofgehakt
1 theelepel vijfkruidenpoeder

Doe alle ingrediënten in een kom en klop ze goed door elkaar. Leg het vlees of de vis in een enkele laag in een ondiepe schaal en giet de marinade erover. Dek af en laat 1 uur marineren.

Marinade met dille, mierikswortel en zwarte peperkorrels

Voor rundvlees of vis

6 eetlepels olijfolie
6 eetlepels witte-wijnazijn
½ citroen, alleen het sap
3 eetlepels gehakte verse dille
½ eetlepel verse mierikswortel, geraspt
8 zwarte peperkorrels
¼ theelepel zout

Doe alle ingrediënten in een kom en roer ze goed door elkaar. Leg het vlees of de vis in een enkele laag in een ondiepe schaal en giet de marinade erover. Dek af en marineer het vlees 1 uur en de vis 30 minuten.

Marinade met mosterd en witte wijn

Voor lams-, varkens-, rund- en kalfsvlees, kip, kalkoen of vis

2 eetlepels dijonmosterd
4 eetlepels witte-wijnazijn
4 eetlepels olijfolie
1 sjalotje, gesnipperd
1 teen knoflook, fijngehakt

Doe alle ingrediënten in een kom en roer ze goed door elkaar. Leg het vlees, de kip of de vis in een enkele laag in de ondiepe schaal en giet de marinade erover. Dek af en laat vlees of kip 1 uur marineren en vis 30 minuten.

kruidenmixen

Een kruidenmix is een soort droge marinade. De meeste marinades zijn op oliebasis en laten hun aroma in het vlees of de vis sijpelen, terwijl de al of niet pikante kruidenmix in het vlees wordt gewreven voor het wordt gegrild. U kunt desgewenst ook een drupje olie aan de mix toevoegen om hem wat vaster te maken. U kunt eventueel ook smalle kerven in het vlees maken voor u de kruidenmix erop wrijft. Bedek het vlees of de vis met de mix en laat de smaak er ca. 1 uur intrekken voor het beste resultaat, maar als u weinig tijd heeft, biedt een kruidenmix het voordeel boven een marinade dat hij sneller werkt doordat z'n smaak direct in het voedsel dringt, dat meteen kan worden bereid.

De meeste pikante kruidenmixen bestaan uit droge ingrediënten en zijn snel samen te stellen, zodat het weinig zin heeft ze van tevoren te maken. Restanten kunt u in een afgesloten pot een paar weken in een koele, droge kast bewaren. Het leuke van kruidenmixen is dat u er eindeloos mee kunt variëren. De volgende recepten geven u een goede richtlijn voor de algemene hoeveelheden die u nodig hebt, maar verder kan alleen de tuin of de voorraadkast nog voor een beperking zorgen.

De volgende recepten zijn voor ca. 1 kg vlees, gevogelte of vis.

Zoet-pikante barbecuemix

Voor lams-, varkens-, rund- en kalfsvees, kip of kalkoen

- **2 theelepels chilipoeder**
- **2 theelepels paprikapoeder**
- **3 theelepels bruine basterdsuiker**
- **1 theelepel gemalen komijn**
- **1 theelepel cayennepeper**
- **1 theelepel mosterdpoeder**
- **2 theelepels versgemalen zwarte peper**
- **1 theelepel knoflookzout**

Doe alle ingrediënten in een kom en meng ze goed door elkaar.

Cajunkruidenmix

Voor alle soorten vlees, kip, kalkoen of vis

- **2 theelepels pikante paprikapoeder**
- **1 theelepel gedroogde tijm**
- **1 theelepel gedroogde oregano**
- **1 theelepel zwarte peperkorrels**
- **1 theelepel witte peperkorrels**
- **1 theelepel uienpoeder**
- **1 theelepel knoflookpoeder**
- **1 theelepel zout**
- **1 theelepel komijnzaadjes**

Doe alle ingrediënten in een vijzel en maal ze tot een fijn poeder.

Hiernaast, boven: **kruidige citroenmix.**

Hiernaast, midden: **droge Texaanse kruidenmix.**

Hiernaast, onder: **Marokkaanse kruidenmix.**

Kruidige citroenmix

Voor varkensvlees, kip, kalkoen of vis

- 4 grote tenen knoflook, geperst
- 1 citroen, alleen de geraspte schil
- 2 theelepels gedroogde rozemarijn, gehakt
- 1 theelepel gedroogde basilicumblaadjes, gehakt
- ½ theelepel zout
- ½ theelepel gedroogde tijm, gehakt
- ½ theelepel versgemalen zwarte peper

Doe alle ingrediënten in een kom en meng ze goed door elkaar.

Droge Texaanse kruidenmix

Voor lams-, varkens- en kalfsvlees, kip of kalkoen

- 1 teen knoflook, geperst
- 1 theelepel mosterdzaad, geplet
- 1 eetlepel zout
- 1 theelepel chilipoeder
- 1 theelepel cayennepeper
- 1 theelepel paprikapoeder
- ½ theelepel gemalen koriander
- ½ theelepel gemalen komijn

Doe de knoflook en de mosterdzaadjes in een vijzel en maal ze fijn tot een pasta. Voeg de overige ingrediënten toe en meng alles goed door elkaar tot een droge kruidenmix.

Marokkaanse kruidenmix

Voor lamsvlees, kip, eend, kalkoen en vis

- 1 theelepel gemalen komijn
- 1 citroen, alleen de fijngeraspte schil
- ½ theelepel saffraanpoeder
- 1 theelepel scherp chilipoeder
- ½ theelepel gemalen koriander
- 2 eetlepels verse koriander, fijngehakt
- 1 teen knoflook, fijngehakt
- ¼ theelepel zeezout
- ½ theelepel versgemalen zwarte peper

Doe alle ingrediënten in een vijzel en wrijf ze goed door elkaar tot een pasta.

kruidenboters

Kruidenboters zijn heerlijke instant-'sauzen' voor gegrild vlees, kip of vis. Een eenvoudige biefstuk of visfilet verandert door toevoeging van uw favoriete boter in een heerlijk gerecht. U kunt ze van tevoren bereiden in allerlei smaken door gewoon wat kruiden, specerijen of andere smaakmakers door zachte boter te roeren. Schep de boter op een groot stuk vetvrij papier, rol het papier op tot een worst en draai de uiteinden dicht. Laat de rol in de koelkast opstijven. Snijd voor het serveren de rol gewoon in dikke plakken en leg een plak op het hete vlees zodra het van de grill komt. U kunt de boters bewaren door ze in te vriezen.

Koriander-sinaasappelboter

Voor rund- en varkensvlees en vis

250 g zachte boter
1 sinaasappel, alleen de geraspte schil
2 eetlepels verse koriander, gehakt

Meng alles door elkaar, maak een rol en laat die opstijven.

Provençaalse kruidenboter

Voor kip, varkensvlees, lam, vis, schaal- en schelpdieren

250 g zachte boter
1 theelepel verse tijm, gehakt
1 theelepel verse marjolein, gehakt
1 theelepel verse basilicum, gehakt
1 theelepel verse oregano, gehakt

Meng alles door elkaar, maak een rol en laat die opstijven.

Citroen-venkelboter

Voor kip, varkensvlees, vis, schaal- en en schelpdieren

250 g zachte boter
1 theelepel venkelzaad
1 citroen, alleen de geraspte schil
1 eetlepel gehakte verse venkel

Rooster de venkelzaadjes ca. 1 minuut in een droge koekenpan tot ze geur afgeven. Doe ze in een vijzel en maal ze grof. Roer de zachte boter, het citroenraspsel en de verse venkel erdoor, maak een rol en laat die opstijven.

Drie-pepersboter

Voor rund- en varkensvlees en vis

250 g zachte boter
1 theelepel roze peperkorrels in pekel, uitgelekt
1 theelepel groene peperkorrels in pekel, uitgelekt
1 theelepel grofgemalen zwarte peperkorrels

Klop alle ingrediënten door elkaar, vorm een rol en laat opstijven (zie foto hiernaast).

Geroosterde-chiliboter

Voor rundvlees, varkensvlees, groenten en vis

250 g zachte boter
5 grote rode chilipepers
2 eetlepels fijngehakte peterselie
1 eetlepel olijfolie

Leg de chilipepers op een klein roosterplaatje en bestrijk dat met de olie. Rooster ze 10-15 minuten in de oven op 230 °C. Laat afkoelen, verwijder de pitjes en hak de chilipepers grof. Klop ze met de peterselie door de boter, vorm een rol en laat opstijven.

Rechts: **geroosterde-chiliboter.**

Welke combinatie van ingrediënten u ook kiest, zorg ervoor dat ze heel goed met de boter vermengd zijn voor u hiervan een rol maakt.

voorgerechten

Voedsel heeft mensen altijd al samengebracht. Op feestjes eindigen de gasten vaak allemaal samen in de keuken en op barbecues is dat al niet anders. Zodra de barbecue is aangestoken, scharen de mensen zich er verwachtingsvol omheen: mogen ze al een hapje proeven? Aan voorgerechten wordt vaak niet eens meer gedacht, het is immers al een hele prestatie om één gang *en plein public* te bereiden. Maar met wat voorbereiding kunt u een schaal vol onweerstaanbare hapjes presenteren die simpel en snel te bereiden zijn. Verleid uw gasten met grote garnalen, pikante zoete saus, of prikkel hun eetlust met kippenvleugeltjes met citroen en gember.

Gemengde satés
met pindasaus

Gas	Direct/hoog vuur	✳ ✳
Houtskool	Direct	
Bereidingstijd	40 minuten + 1 uur marineren	
Grilltijd	6-8 minuten	4 personen

1 eetlepel olijfolie
1 klein uitje, gesnipperd
2 rode chilipepers, zonder zaadlijsten en fijngehakt
3 eetlepels lichte sojasaus
1 eetlepel bruine suiker
1 limoen, alleen het sap
1 theelepel currypasta
150 g kipfilet
150 g lendenbiefstuk
150 g varkenshaas

Pindasaus
1 eetlepel plantaardige of arachideolie
1 teen knoflook, geperst
1 theelepel citroengras, fijngehakt
5 eetlepels pindakaas met stukjes noot
150 ml kokosmelk
1 limoen, alleen het sap
1 theelepel bruine suiker
1 theelepel chilipoeder
olie om in te vetten

1 Laat 12 bamboestokjes 30 minuten in koud water weken. Verhit de olijfolie in een koekenpannetje en bak hierin de ui en de chilipeper 3-4 minuten tot ze zacht zijn. Zet de pan van het vuur en voeg sojasaus, suiker, limoensap en currypasta toe. Laat afkoelen.

2 Snijd de kip, de lendenbiefstuk en de varkenshaas elk in 4 repen. Leg ze in een kom (geen metaal) en giet de marinade erover. Schud goed om en laat 1 uur afgedekt marineren op kamertemperatuur.

3 Voor de **pindasaus**: verhit de olie in een steelpannetje en bak de knoflook en het citroengras ca. 2 minuten tot ze zacht zijn. Voeg pindakaas, kokosmelk, limoensap, chilipoeder en suiker toe; laat 2-3 minuten zachtjes sudderen tot de saus indikt. Houd warm.

4 Haal het vlees uit de marinade en rijg het op de satéstokjes. Gooi de marinade weg. Bestrijk het vlees met wat olie. Gril 6-8 minuten direct aan beide zijden, draai één keer om. Serveer met de warme pindasaus.

Het zure limoensap in de marinade maakt het vlees op natuurlijke wijze malser.

De verfijnde smaak van het citroengras in de pindasaus benadrukt de rijke smaak van de pinda's.

Knoflookgarnalen
in prosciutto

Gas	Direct/halfhoog vuur	✹
Houtskool	Direct	
Bereidingstijd	15 minuten	
Grilltijd	6 minuten	12 personen

24 grote garnalen, gepeld, darmstreng verwijderd
2 tenen knoflook, fijngehakt
1 eetlepel gehakte verse dille of ½ theelepel gedroogde dille
1 eetlepel gehakte verse dragon of ½ theelepel gedroogde dragon
1 eetlepel olijfolie
zout en versgemalen zwarte peper
12 plakjes prosciutto

1 Week bamboestokjes 1 uur in koud water. Was de garnalen en dep ze droog. Doe ze in een kom met de knoflook, dille, dragon, zout, peper en olijfolie. (Wees zuinig met zout vanwege de zoute prosciutto.) Schud goed om. Snijd de prosciutto in de lengte doormidden. Omwikkel elke garnaal met een stukje prosciutto.

2 Rijg de garnalen aan de stokjes, met wat ruimte ertussen. Gril 5-6 minuten direct op halfhoog vuur tot de garnalen roze en stevig zijn, draai ze één keer om. Serveer ze direct van de grill.

Grote garnalen
met pikant-zoete saus

Gas	Direct/halfhoog vuur	✹ ✹
Houtskool	Direct	
Bereidingstijd	25 minuten + 25 min. marineren	
Grilltijd	2-3 minuten	4 personen

16 grote garnalen, gepeld, darmstreng verwijderd
1 teen knoflook, fijngehakt
2 eetlepels olijfolie
zout en versgemalen zwarte peper

Pikant-zoete saus
1 teen knoflook, geperst
2 eetlepels lichte sojasaus
3 eetlepels vloeibare honing
1 limoen, geraspte schil en sap
2 eetlepels verse koriander, grofgehakt
1 theelepel chilivlokken

1 Snijd 8 bamboestokjes in stukjes van 10 cm. Week ze 30 minuten in koud water. Maak intussen een klein sneetje in de rug van elke garnaal, verwijder de (eventuele) zwarte darm en gooi die weg. Was de garnalen en dep ze droog met keukenpapier. Doe ze in een schaal met de knoflook en de olijfolie. Breng op smaak en schud om. Dek af en laat 15 minuten marineren.

2 Maak intussen de **pikant-zoete saus**: doe de geperste knoflook, sojasaus, honing, het limoenraspsel en de helft van het sap, koriander en chilivlokken in een kom. Blijf kloppen tot de honing is opgelost. Giet de saus in een schaaltje.

3 Rijg aan elk spiesje twee garnalen. Gril 2-3 minuten direct op halfhoog vuur tot ze roze en gaar zijn, draai ze één keer om. Serveer warm met de saus.

▶ **Grote garnalen**
Zie foto linksonder op blz. 30

Kippenvleugeltjes
met gember en citroen

Gas	Indirect/halfhoog vuur	✸ ✸
Houtskool	Indirect	
Bereidingstijd	20 minuten	
Grilltijd	30 minuten	6 personen

1 gemberbolletje op siroop
5 eetlepels vloeibare honing
2 eetlepels droge sherry
1 citroen, geraspte schil en sap
zout en versgemalen zwarte peper
12 grote kippenvleugels, zonder de punten
olie om in te vetten

1 Snijd de gember in dunne reepjes en doe ze in een kleine kom. Voeg 1 eetlepel van de siroop uit de pot toe.

2 Voeg honing, sherry en het citroenraspsel en -sap toe en roer alles goed door elkaar met zout en peper naar smaak. Doe de massa in een steelpan, breng aan de kook en laat het in 3-4 minuten tot de helft inkoken. Zet apart om af te koelen.

3 Rijg de kippenvleugels op twee parallelle metalen spiezen, als de sporten van een ladder, of gebruik dubbele gevorkte spiezen (waarmee ze tijdens het grillen gemakkelijker te draaien zijn).

4 Bestrijk de vleugels rondom met wat olie. Leg ze op het midden van het vleesrooster en gril ze indirect 20 minuten op halfhoog vuur, draai ze één keer om. Bestrijk ze met de gember-citroensaus en gril nog 10 minuten waarbij u ze één keer omdraait en de andere kant met de saus bestrijkt. Warm serveren.

Bruschetta
met tomaten en ansjovis

Gas	Direct/halfhoog vuur	✸
Houtskool	Direct	
Bereidingstijd	15 minuten	
Grilltijd	5-6 minuten	6 personen

6 kleine pruimtomaten
2 eetlepels olijfolie
6 sneetjes baguette van 2½ cm
1 grote teen knoflook
2 eetlepels tapenade of zwarte-olijvenpasta
6 grote basilicumblaadjes
12 ansjovisfilets, vers of uit blik
versgemalen zwarte peper
olijfolie, om te besprenkelen

1 Halveer de tomaten, bestrijk ze met wat olie en gril 5-6 minuten direct op halfhoog vuur tot ze zijn geblakerd. Zet ze daarna apart. Gril het brood 2-3 minuten direct op halfhoog vuur tot het geroosterd is, draai het één keer om. Haal het van de grill.

2 Wrijf de bruschetta's in met de teen knoflook. Verdeel de tapenade erover en leg er 2 halve tomaten, een basilicumblad en 2 ansjovisfilets op. Breng op smaak met de peper. Besprenkel met wat extra olijfolie.

Bruschetta
Zie foto rechtsonder
op blz. 30

Voorgerechten

Auberginerolletjes
met geitenkaas en raita

Gas	Direct/halfhoog vuur
Houtskool	Direct
Bereidingstijd	20 minuten
Grilltijd	4 minuten

8 personen

2 aubergines
4 eetlepels olijfolie, om in te vetten
175 g geitenkaas
3 eetlepels verse salie, gehakt

Raita
300 ml yoghurt, naturel
2 tenen knoflook, geperst
4 eetlepels verse munt, gehakt

1 Laat 16 cocktailprikkers 30 minuten weken in koud water. Snijd met een scherp mes top en steel van de aubergines af en snijd ze in de lengte in 8 plakken. Bestrijk elke plak aan beide zijden met olie. Bestrooi ze met zout en peper. Gril 6 minuten direct op halfhoog vuur tot ze zacht zijn. Draai ze een keer om. Laat afkoelen.

2 Maak intussen de **raita**: doe de yoghurt in een kom en roer de knoflook en de munt erdoor. Voeg royaal zout en peper toe en zet de raita tot gebruik op een koele plaats.

3 Snijd de geitenkaas in 16 blokjes. Leg op elke plak aubergine een blokje geitenkaas en strooi er wat salie over. Rol op en zet vast met een cocktailprikker.

4 Bak de rolletjes 4 minuten indirect op laag vuur. Draai ze een keer om.

5 Serveer de warme rolletjes met de raita als dipsaus.

Gegrilde oesters
in boterige barbecuesaus

Gas	Direct/hoog vuur
Houtskool	Direct
Bereidingstijd	10 minuten
Grilltijd	5 minuten

3 personen

12 verse oesters

Barbecuesaus
1 theelepel fijngehakte knoflook
1 eetlepel boter
2 eetlepels vers geperst citroensap
2 eetlepels milde chilisaus

1 Voor de barbecuesaus: sauteer de knoflook in de boter af en toe roerend 2-3 minuten in een steelpan op halfhoog vuur tot de knoflook gaat geuren en de boter begint te bruinen. Zet de pan van het vuur en voeg het citroensap en de chilisaus toe. Roer alles goed door elkaar.

2 Om de oesters te openen: pak een oester met de platte kant naar boven vast met een dubbelgevouwen theedoek. Zoek een kiertje bij het scharnier en wrik de oester open met een oestermes. Zorg dat het sap in de schelp blijft. Snijd de oester met het oestermes aan de onderkant voorzichtig los uit de schelp. Gooi de bovenste, platte schelp weg en laat de oester in de onderste liggen.

3 Schep ½ theelepel barbecuesaus over elke oester. Gril de oesters direct op hoog vuur tot de saus na 2-3 minuten gaat borrelen, en laat ze dan nog 1-2 minuten garen. Warm serveren.

Linksboven: **auberginerolletjes.**

Rechtsboven: **gegrilde oesters.**

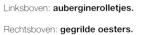

Hanteer het oestermes voorzichtig: de schelp kan wegglijden terwijl u wrikt.

Courgettes met munt
en hummus

Gas	Direct/halfhoog vuur	☀ ☀
Houtskool	Direct	
Bereidingstijd	30 minuten	
Grilltijd	8 minuten	8-10 personen

Hummus
1 blik à 225 g kikkererwten
2 tenen knoflook, grofgehakt
3 eetlepels citroensap
4 eetlepels tahini
5 eetlepels olijfolie
1 theelepel gemalen komijn
zout en versgemalen zwarte peper

Courgettes met munt
1 eetlepel verse munt, gehakt
700 g courgettes, schoongemaakt
olie om in te vetten
10 zwarte olijven, in vieren gesneden
cayennepeper

1 Voor de **hummus**: laat de kikkererwten uitlekken en bewaar het vocht uit het blik. Doe ze in de keukenmachine en maal ze met 1-2 eetlepels van hun vocht tot een gladde puree.

2 Voeg knoflook, citroensap en tahini toe en maal tot de massa weer glad is. Giet nu geleidelijk de 3 eetlepels olijfolie erbij. Voeg komijn en peper toe en maal kort. Koel wegzetten tot gebruik. Meng de overige olijfolie in een kom met de munt en zet apart.

3 Voor de **courgettes met munt**: halveer de courgettes in de lengte en bestrijk ze met olie. Gril 8 minuten direct op halfhoog vuur tot ze zacht zijn, draai ze één keer om. Haal de courgettes van de grill en snijd ze in drie stukken. Doe ze in de kom met de olie met munt en schud goed om. Breng op smaak en laat afkoelen.

4 Schep op elk stukje courgette een lepel hummus. Garneer met zwarte olijven en wat cayennepeper. Schik ze op een schaal en serveer.

Als u de courgettes na 3-4 minuten omdraait, moet het snijvlak grillstrepen vertonen die een heerlijk aroma geven.

vis, schaal- en schelp- dieren

Niets is zo typerend voor koken in de buitenlucht als een vuurtje waaromheen de geur van geroosterde verse vis of schaaldieren hangt. Sommige openluchtkoks vinden vis lastig en tijdrovend terwijl het tegenovergestelde het geval is.

Kleine hele vissen en schaal- en schelpdieren zijn voor de openluchtkok een waar geschenk van de natuur en ze vragen nauwelijks voorbereiding. Maak een smakenreis rond de wereld en verzamel klassiekers als Japanse vis-biefstukjes – teriyaki-stijl, Scandinavische makreel met een pittige dressing en Australische spiezen met garnalen en sint-jakobsschelpen.

perfecte vis

Wanneer u vis voor de barbecue koopt, is het belangrijk dat u de allerverste exemplaren kiest, die geschikt zijn voor op de grill. Houd van tevoren een paar mogelijkheden in gedachten – u kunt het best de verste vis kopen, die misschien niet uw eerste keus was. Verse vis is gemakkelijk te herkennen. Hij moet lekker naar de zee ruiken en niet 'vissig' en de ogen moeten helder zijn. Licht de kieuwen op en controleer of die van binnen glimmend roze zijn (en niet mat of rood). Tot slot moeten de schubben glimmen en dicht op elkaar liggen. Ga naar een vishandel met een hoge omzetsnelheid want daar kunt u de hele vis op genoemde kenmerken controleren en vervolgens vragen of men hem voor u schoonmaakt. Als u de vis in zijn geheel grilt, moet u de graten, schubben en vinnen verwijderen. (Kies zelf of u de vis al of niet met de kop eraan wilt grillen.)

Het kruiden van vis

U kunt vis, of het nu hele vissen of filets zijn, op verscheidene manieren kruiden. Bij hele vis kunt u het best voor het marineren drie of vier diepe inkepingen in de zijde maken of er simpelweg citroen of kruiden in stoppen. U kunt ook kruidenboter in de inkepingen doen maar wikkel de vis voor het grillen dan wel in folie zodat de boter er niet uitdruipt. Filets kunt u het best marineren of tegen het einde van de grilltijd bestrijken met een saus.

Lekker bij vis en schaaldieren

Dragon ■ dille ■ venkel ■ oregano ■ basilicum ■ koriander ■ munt ■ chili ■ gember ■ kokos ■ kappertjes ■ sojasaus ■ sesamolie ■ mosterd ■ citroen ■ limoen ■ paddestoelen ■ lente-ui ■ witte wijn.

Het grillen van vis

■ Gril **hele vis** direct op het grillrooster maar bestrijk het goed met olie om vastkleven te voorkomen. Leg eventueel een stuk stevige folie op het rooster. Als u vis met iets extra's, bijvoorbeeld kruiden, grilt, verpak hem dan in folie zodat z'n sappen niet wegdruipen.

■ Gril **stevige visfilets en visbiefstukjes** op een goed ingevet grillrooster. Leg tere filets die snel uit elkaar vallen op een stuk stevige folie met omgebogen, opstaande randjes tegen het lekken. Voeg eventueel wat visbouillon of wijn toe om de vis vochtig te houden.

■ **Controleer of de vis vanbinnen gaar is** door met de punt van een mes in het dikste deel te prikken en vervolgens te voelen of de punt heet is. Duw anders het vlees behoedzaam opzij, wat soepel zal gaan als het gaar is.

Veel visfilets zijn ideale dragers voor andere smaken, zoals deze zalmmoten die zijn gemarineerd met Thaise aroma's als citroengras, knoflook en limoensap (zie blz. 50).

Spiezen met vis, schaal- en schelpdieren

Van het hele scala aan vissen zijn er maar weinig geschikt voor spiezen omdat de meeste vis snel uit elkaar valt als hij gaar is. Maar met stevige vis als zeeduivel, tonijn, heilbot en tarbot lukt het wel. De meeste schaaldieren zijn met hun stevige textuur geschikt voor spiezen. Neem bijvoorbeeld tijgergarnalen, langoestines en sint-jakobsschelpen.

Veiligheidswenken

- Vis en schaaldieren moeten lekker naar de zee ruiken en niet 'vissig'.

- Bewaar alle verse vis in de koelkast. Gril vis bij voorkeur op de dag van aankoop.

- Let op dat schelpdieren zoals mosselen goed gesloten zijn. Geef open exemplaren een flinke tik met een mes en gooi ze meteen weg als ze dan niet sluiten. Gooi ook de exemplaren weg die na het grillen nog dicht zijn.

- Was na het bereiden van vis grondig uw handen, kookgerei en planken. Rauwe vis hoeft niet onveilig te zijn maar hij kan de smaak van ander voedsel bederven.

perfecte schaal- en schelpdieren

Het grillen van schaal- en schelpdieren

■ **Garnalen** kunnen al of niet met de staartjes worden gegrild, maar haal altijd eerst de darm eruit. Trek de kop eraf en gooi die weg tenzij het recept hele garnalen aangeeft. Als u de staartschubben laat zitten, kerf die dan achteraan ca. 5 mm in. Pulk met een cocktailprikker de zwarte darm die over de rug loopt eruit en gooi hem weg. Als u de schaaldieren gepeld grilt, trek dan de schubben eraf voor u de darm verwijdert. Rijg gepelde garnalen aan spiezen zodat ze beter zijn om te draaien.

■ Splijt **kreeften** in de lengte doormidden met een groot hakmes. Verwijder de donkere darm die door de staart loopt. Splijt de scharen met de rug van een groot mes. Gril 30 seconden tot 1 minuut direct op halfhoog vuur met de vleeszijde naar beneden. Draai de kreeft om en gril nog 8-10 minuten tot het vlees stevig en de schalen felrood zijn. Serveer met citroen en plakjes kruidenboter.

■ Verpak **mosselen en tapijtschelpen** in porties van 500 g in stevig folie met boter, wijn en kruiden en gril ze indirect op halfhoog vuur tot ze opengaan. Gooi exemplaren die dichtblijven weg.

■ Open **sint-jakobsschelpen** door een scherp mes tussen de schalen te steken en de spier door te snijden. Gooi één schelp weg. Verwijder het grijze buitenste randje en laat alleen de koraal en het witte vlees in de schelp liggen. Gril ze 6-8 minuten direct op het grillrooster op halfhoog vuur, tot ze gaar zijn. U kunt ze ook aan een spies rijgen en direct op het ingevette grillrooster grillen.

■ **Oesters** kunnen op dezelfde manier worden gegrild als sint-jakobsschelpen, maar u hoeft ze zodra hun vocht kookt maar 1-2 minuten te grillen. (Zie instructies op blz. 36 voor het voorbereiden van de oesters.)

■ **Pijlinktvisjes** zijn in feite geen schaaldieren maar worden vaak onder die categorie geschaard. Het schoongemaakte vlees moet licht worden ingekerfd om te voorkomen dat het tijdens het grillen opkrult aan de spies. Gril 2-3 minuten direct op hoog vuur tot ze gaar zijn.

**Verse, met zout bestrooide garnalen,
klaar voor de barbecue (zie blz. 55).**

grillen van vis, schaal- en schelpdieren

Er bestaan drie categorieën vis voor de barbecue: filet, hele vis en schaal- en schelpdieren. Visfilet, kleine stukjes vis (spiezen) en schaal- en schelpdieren worden direct gegrild, hele vissen indirect waarbij u ze één keer omdraait. Gebruik aluminiumfolie voor vis die snel uit elkaar valt als hij gaar is en voor grote visfilets zoals zalmfilet. Leg de vis op de folie en vorm daar een ondiep schaaltje van rond de vis. De vis wordt bij deze methode niet omgekeerd.

De meeste vis is geschikt voor de barbecue maar de ene soort leent zich beter voor een echte barbecuesmaak dan de andere. Vissen als kabeljauw en schelvis laten zich niet omdraaien en moeten op folie worden gegrild omdat ze anders uit elkaar vallen. Deze methode gaat echter ten koste van de zwarte grillstrepen en hun kenmerkende smaak.

Onthoud dat elke vis kan breken tenzij het een heel stevige is die wordt ondersteund door z'n eigen huid en graten, zoals zeeduivel of tonijn. Om breken te voorkomen wordt veel vis in z'n geheel gegrild, maar ook dan kan hij aan het rooster vastkleven en breken. Vet het rooster en de vis altijd goed in voor het grillen. Reken in het algemeen 4-5 minuten voor 1½ cm dikke vis en 8-10 minuten voor 3 cm.

Voor grillen geschikte visfilets

Zalm ■ zeebaars ■ zeeduivel (in blokjes aan de spies) ■ heilbot ■ tarbot.

Voor grillen geschikte visbiefstukjes

Zalm ■ tonijn ■ zwaardvis.

Voor grillen geschikte hele vis

Makreel ■ harder ■ mul ■ zeekarper ■ zeebaars ■ forel (ook zalmforel) ■ tong ■ sardines ■ haring.

Schaal- en schelpdieren

Kreeft ■ krab ■ grote garnalen ■ langoestines ■ sint-jakobsschelpen ■ mosselen ■ tapijtschelpen ■ pijlinktvis.

Rechts: maak een dun blad van aluminiumfolie voor grote stukken vis als zalm. Zo kunt u het folie verwijderen na het barbecuen zonder dat de vis uit elkaar valt.

Vis en schaal- en schelpdieren

Snijd een filet open om te controleren of hij gaar is (en hij vanbinnen net niet meer glanst maar mat is geworden). Met wat meer ervaring doet u dat door te voelen; meestal is het vlees dan stevig en geeft iets mee als u erop drukt. Schaal- en schelpdieren hoeven maar een paar minuten op de grill te liggen; gril ze als het kan met de schaal of in de schelp om het vocht vast te houden.

Soort vis of schaal- of schelpdier	gewicht	grilltijd
Visfilets	1 cm dik	3-5 minuten
	2 cm dik	5-10 minuten
Visfilets/biefstukjes	2½ cm dik	10-12 minuten
Vis in blokjes (spiezen)	2½ cm dik	8-10 minuten
Hele vis	2½ cm dik	8-10 minuten
	4 cm dik	10-15 minuten
	5-6 cm dik	15-20 minuten
	7½ cm dik	20-30 minuten
	of 1-2 kg	30-45 minuten
Krab	ca. 1 kg	10-12 minuten
Hele kreeft	ca. 1 kg	18-20 minuten
Kreeftenstaarten	225-275 g	8-12 minuten
Garnalen (grote en langoestines) met schaal	gemiddelde grootte	4-5 minuten
	groot	5-6 minuten
	extra groot	6-8 minuten
Garnalen zonder schaal	1-2 minuten minder dan hierboven staat	
Sint-jakobsschelpen (zonder schelp)	2½-5 cm doorsnede	4-6 minuten
Tapijtschelpen	gemiddelde grootte	5-8 minuten
Oesters	klein	3-6 minuten
Mosselen	gemiddelde grootte	4-5 minuten

Thaise zalm
met pad thai-noedels

Gas	Direct/halfhoog vuur	✷✷✷
Houtskool	Direct	
Bereidingstijd	25 minuten + 30 min. marineren	
Grilltijd	6-8 minuten	4 personen

4 zalmfilets of zalmmoten, ca. 225 g per stuk
1 teen knoflook, geperst
1 stengel citroengras, gehakt
2 rode chilipepers, zonder zaadlijsten en in ringetjes
1 limoen, alleen het sap
2 eetlepels Thaise vissaus
4 eetlepels zonnebloemolie

Pad thai-noedels
250 g Thaise sen lek-noedels (brede rijstnoedels)
2 eetlepels arachideolie
2 eetlepels zonnebloemolie
1 teen knoflook, gehakt
1 sjalot, gehakt
1 rode chilipeper, zonder zaadlijsten en in fijne reepjes
2 eetlepels Thaise vissaus
1 limoen, alleen het sap
1 theelepel bruine suiker
klein bosje lente-uitjes, in fijne reepjes
50 g geroosterde pinda's, grofgehakt
50 g taugé
2 eetlepels verse koriander, gehakt

1 Leg de zalm in een enkele laag in een ondiepe schaal. Meng in een kleine kom knoflook, citroengras, chili's, limoensap, Thaise vissaus en zonnebloemolie door elkaar. Giet dit over de zalm en laat hem afgedekt 30 minuten op een koele plaats marineren.

2 Maak intussen de **pad thai-noedels**: kook de noedels in gezouten water gaar volgens de aanwijzingen op het pak. Laat uitlekken en spoel af onder koud water. Laat opnieuw uitlekken. Verhit de arachide- en de zonnebloemolie in een wok, voeg de knoflook en de sjalot toe en fruit deze in 1-2 minuten lichtbruin. Voeg chili's, vissaus, limoensap en suiker toe, kook ze 30 seconden mee en haal de wok van het vuur. Omschudden met de noedels, de helft van de lente-ui, taugé en pinda's. Zet apart.

Pas als alle ingrediënten met elkaar zijn vermengd worden de noedels toegevoegd. Hierdoor blijven hun smaak en structuur zoveel mogelijk behouden.

3 Schraap de overtollige marinade van de zalmmoten en gril ze 6-8 minuten direct op halfhoog vuur tot ze gaar zijn, draai ze één keer om.

4 Strooi de koriander en de rest van de lente-uitejs over de pad thai-noedels. Serveer met de warme zalmmoten.

Opmerking van de kok

Als u geen citroengras kunt vinden, gebruik dan de geraspte schil van 1 citroen in de marinade. Vervang voor een simpeler variant van dit recept de pad thai-noedels door 4 porties gewone rijst, bereid volgens de aanwijzingen op het pak.

Hele vis
met charmoulaboter

Gas	Direct/halfhoog vuur	✻✻✻
Houtskool	Direct	
Bereidingstijd	30 minuten	
Grilltijd	15 minuten	4 personen

Charmoulaboter
175 g zachte boter
2 eetlepels verse koriander, gehakt
3 tenen knoflook, fijngehakt
1½ theelepel gemalen komijn
1½ theelepel paprikapoeder
½ rode chilipeper, zonder zaadlijsten en fijngehakt
½ theelepel saffraandraadjes
1 citroen, de schil geraspt
zout en versgemalen zwarte peper
4 hele vissen, ca. 450 g per stuk
4 lente-uitjes, in ringetjes
citroenpartjes voor het serveren

1 Voor de **charmoulaboter**: doe de zachte boter in een grote kom met de koriander, knoflook, komijn, paprikapoeder, chili, saffraan, het citroenraspsel, zout en peper. Klop alles met een houten lepel door elkaar.

2 Was de vis onder koud stromend water en schraap van kop tot staart de schubben eraf met een bot mes. Snijd de vinnen eraf. Maak met een scherp mes aan beide zijden vier kerven in het vlees.

3 Leg elke vis midden op een groot vierkant vel aluminiumfolie. Besmeer één zijde van de vis met de charmoulaboter, zorg dat deze ook in de kerven komt.

4 Snijd de geraspte citroen in acht partjes en leg er twee op elke vis. Bestrooi de vissen met de lente-ui en verpak ze in de folie. Sluit goed af.

5 Leg de vier pakjes midden op het grillrooster en gril ze 12-15 minuten direct op halfhoog vuur, tot ze gaar zijn. Verdeel de pakjes over borden met extra partjes citroen en laat ieder z'n eigen pakje openen om de heerlijke geur op te snuiven.

Australische garnalen
en sint-jakobsschelpen aan de spies

Gas	Indirect/halfhoog vuur	✻✻
Houtskool	Indirect	
Bereidingstijd	5 minuten	
Grilltijd	6-8 minuten	4 personen

175 g mangochutney
120 ml sinaasappelsap
120 ml zoet-pittige barbecuesaus
8 mini-uitjes of sjalotten
8 blokjes verse ananas, ca. 2½ cm dik
12 grote rauwe garnalen, gepeld en schoongemaakt
12 grote sint-jakobsschelpen
8 cherrytomaatjes
zout en peper

1 Week de bamboepennen 30 minuten in koud water. Doe de mangochutney, het sinaasappelsap en de barbecuesaus in de keukenmachine en maal dit tot een gladde massa. Zet apart.

2 Doe de uitjes in een steelpannetje en giet er zoveel water bij dat ze onder staan. Breng aan de kook en laat 1 minuut zachtjes koken. Laat uitlekken en fris ze op onder koud water. Pel ze en zet apart.

3 Rijg de ananas, garnalen, sint-jakobsschelpen, tomaatjes en ui aan spiezen van 30 cm. Bestrooi met zout en peper, bestrijk royaal met de mangosaus en leg ze midden op het grillrooster. Gril 6-8 minuten direct op halfhoog vuur tot de schaal- en schelpdieren gaar zijn, draai ze daarbij één keer om en bestrijk ze dan met saus. Serveer met de saus als dip.

Rechts: **Australische garnalen en sint-jakobsschelpen aan de spies.**

Opmerking van de kok

Het recept voor hele vis voldoet ook voor kleine hele vissen van ca. 400 g. Probeer rode snapper, zeebaars, zeebrasem, forel, tong of schol, maar neem geen vette vis zoals makreel of haring. Schraap als de vis goed is schoongemaakt de schubben eraf en snijd de vinnen eraf voor het eetgemak. Maak inkepingen om de boter in het vlees te laten doordringen.

Gegrilde sardines
met chili-citroendressing

Gas	Direct/halfhoog vuur	✳
Houtskool	Direct	
Bereidingstijd	20 minuten + marineren	
Grilltijd	6-10 minuten	4 personen

4 eetlepels olijfolie
5 sjalotten, in dunne ringen
125 ml witte-wijnazijn
4 tenen knoflook, geperst
flink handje muntblaadjes, gehakt
1 citroen, sap en pulp
½ theelepel chilivlokken
zout en versgemalen zwarte peper
700 g verse sardines, schoongemaakt
olie om in te vetten

1 Verhit 1 eetlepel olijfolie in een steelpan, voeg de sjalotten toe en smoor ze in 3-4 minuten glazig. Voeg de azijn toe en breng aan de kook, temper het vuur en laat tot helft inkoken.

2 Voeg de resterende olijfolie, knoflook, munt, citroenpulp en -sap, chilivlokken, peper en zout toe en laat 1 minuut koken. Haal van het vuur en zet apart.

3 Snijd de staartjes en vinnen van de sardines en was de visjes. Dep ze droog met keukenpapier. Bestrijk het grillrooster met olie. Bestrooi de sardines met peper en zout en gril 4-10 minuten (zie opmerking van de kok) direct op halfhoog vuur tot ze gaar zijn. Draai ze één keer om. Leg ze op een schaal en giet de dressing erover.

Opmerking van de kok

Sardines variëren sterk in grootte, dus de grilltijd verschilt. Gril sardines van ca. 5-10 cm 4-6 minuten, één keer omdraaien. Gril sardines tot 20 cm 6-10 minuten, één keer omdraaien.

Links: **gegrilde sardines.**

Gezouten garnalen
met oreganodipsaus

Gas	Direct/halfhoog vuur	✳
Houtskool	Direct	
Bereidingstijd	25 minuten	
Grilltijd	6-8 minuten	4 personen

Oreganodipsaus
120 ml olijfolie extra vergine
1 citroen, alleen het sap
50 ml kokend water
2 tenen knoflook, geperst
1 theelepel gedroogde oregano
2 eetlepels verse peterselie, gehakt

Gezouten garnalen
500 g hele, rauwe garnalen
3 eetlepels olijfolie
65 g zeezout en versgemalen peper

bamboestokjes, 30 minuten in koud water geweekt

1 Voor de **oregano-dipsaus**: klop de olijfolie, het citroensap en hete water door elkaar. Roer de knoflook, oregano en peterselie erdoor. Zet 20 minuten apart om in te trekken.

2 Maak intussen de **gezouten garnalen**: snijd met een mesje de ruggen van de garnalen open en verwijder de darm maar niet de schalen.

3 Schud de garnalen in een grote kom goed om met de olijfolie. Voeg zout en peper toe en meng alles weer goed door elkaar. Rijg de garnalen met twee of drie tegelijk aan de stokjes die het omkeren vergemakkelijken.

4 Gril de garnalen 6-8 minuten direct op halfhoog vuur tot ze gaar zijn, draai ze één keer om. Serveer ze warm met oregano-dipsaus.

Gezouten garnalen
Zie foto rechtsonder
op blz. 42 en blz. 46

Vis en schaal- en schelpdieren

Zalmfilets
met basilicum-muntcrème

Gas	Direct/halfhoog vuur	✹ ✹
Houtskool	Direct	
Bereidingstijd	30 minuten	
Grilltijd	8 minuten	4 personen

25 g verse basilicum
25 g verse munt
200 ml lichte olijfolie
1 eidooier
1 theelepel dijonmosterd
zout en versgemalen zwarte peper
1 limoen, fijngeraspte schil en sap
2 eetlepels crème fraîche
4 zalmfilets met vel, ca. 225 g per stuk
olie om in te vetten

1 Breng een pan water aan de kook en leg de basilicum en de munt er 15 seconden in. Haal ze eruit en laat uitlekken; dep overtollig water op met keukenpapier. Doe de blaadjes met de olijfolie in de keukenmachine en maal ze fijn. Laat 15 minuten intrekken.

2 Doe de eidooier, mosterd en royaal zout en peper in een kom en klop alles tot een gladde massa. Roer druppelsgewijs de olijfolie met kruiden erdoor tot alle olie is toegevoegd en de massa dik en glad is. Klop het limoensap en de -schil erdoor, roer de crème fraîche erdoor en zet dit in de koelkast.

3 Bestrijk de zalmfilets met olie en gril ze 4 minuten direct met het vel naar beneden op halfhoog vuur. Bestrijk met nog wat olie, draai ze om en gril nog 4 minuten. Warm serveren met de basilicum-muntcrème.

Teriyaki-visbiefstukjes
met groene en zwarte rijst

Gas	Direct/halfhoog vuur	✹ ✹ ✹
Houtskool	Direct	
Bereidingstijd	25 minuten + 30 min. marineren	
Grilltijd	6 minuten	4 personen

3 eetlepels sake (Japanse rijstwijn)
3 eetlepels droge sherry
3 eetlepels donkere sojasaus
1½ eetlepel bruine basterdsuiker
4 visbiefstukjes, 175-200 g per stuk

Groene en zwarte rijst
zout
350 g langkorrel- en wilde rijst
2½ cm verse gember
200 g peultjes
klein bosje lente-uitjes, in fijne reepjes

1 Doe de sake, sherry, sojasaus en bruine suiker in een steelpannetje en verwarm tot de suiker oplost. Breng aan de kook en zet de pan daarna van het vuur. Laat afkoelen.

2 Leg de vis in een enkele laag in een ondiepe schaal en giet de koude teriyakisaus erover. Laat afgedekt 30 minuten marineren op een koele plaats (niet in de koelkast). Eén keer omdraaien.

3 Maak intussen de **groene en zwarte rijst**: breng een grote pan gezouten water aan de kook en voeg het stukje gember en de rijst toe. Kook de rijst volgens de aanwijzingen op het pak gaar. Snijd de peultjes in de lengte in 3 of 4 reepjes en kook ze 2 minuten in gezouten water. Laat uitlekken en fris ze op onder koud water. Laat de rijst uitlekken, verwijder de gember en gooi die weg. Roer de peultjes en lente-uitjes door de warme rijst.

4 Haal de vis uit de marinade en gril hem 5-6 minuten direct op halfhoog vuur. Draai hem om en bestrijk hem met de marinade. Serveer met de warme rijst.

Opmerking van de kok

Dit recept is geschikt voor elke stevige vissoort die goede biefstukjes oplevert zoals tonijn, zwaardvis, zalm, tarbot of heilbot. Zeeduivel à la teriyaki is ook heerlijk maar hij kan beter in brokken op spiezen worden gegrild.

Linksboven: **zalmbiefstuk.**

Rechtsboven: **visbiefstuk op teriyaki-wijze.**

Rechts: **een aftreksel van basilicum en munt past goed bij de verfijnde smaak van gegrilde zalm.**

Links: **de visbiefstukjes blijven mals als u er tijdens het grillen wat marinade op strijkt.**

Vis en schaal- en schelpdieren 57

Snijd niet door de makreel heen als u hem inkerft voor de dille, want dan valt hij tijdens het grillen uit elkaar.

Opmerking van de kok

De dressing van dille, kappertjes en tomaten is een variatie op een klassiek Scandinavisch recept. Het tomatenmengsel geeft in de kruidenvinaigrette een gespikkeld effect.

Gegrilde makreel
met pittige dilledressing

Gas	Direct/halfhoog vuur	✳ ✳ ✳
Houtskool	Direct	
Bereidingstijd	40 minuten	
Grilltijd	12 minuten	4 personen

4 makrelen, schoongemaakt
klein bosje dille
olie om in te vetten

Dilledressing
2 eetlepels olijfolie
1 klein uitje, gesnipperd
1 teen knoflook, geperst
200 g tomatenblokjes uit blik
4 eetlepels rode-wijnazijn
1 theelepel fijne suiker
120 ml olijfolie extra vergine
2 eetlepels verse bieslook
2 eetlepels kappertjes, uitgelekt
zout en versgemalen zwarte peper

1 Was de makrelen onder koud water en snijd de vinnen eraf. Maak aan beide zijden drie of vier diepe kerven tot op het bot. Stop in elke kerf wat dille en zet apart. Hak de resterende dille fijn en bewaar die.

2 Voor de **dilledressing**: verhit de olijfolie in een steelpannetje en smoor de ui en knoflook 2-3 minuten tot ze zacht zijn. Voeg de tomaat toe en laat 10-15 minuten sudderen. Breng intussen in een schone steelpan 2 eetlepels azijn en de suiker aan de kook en laat dit inkoken tot 2 theelepels. Roer dit door het tomatenmengsel.

3 Passeer het tomatenmengsel door een zeef, doe het in een schone steelpan en laat het 1-2 inkoken. Laat afkoelen.

4 Meng in een kom 2 eetlepels azijn met de olijfolie, dille, bieslook, zout en peper en roer goed. Roer het tomatenmengsel en de kappertjes door de kruidenvinaigrette.

5 Bestrijk de makreel met wat olie. Gril 10-12 minuten direct op halfhoog vuur tot hij gaar is. Draai halverwege één keer om. Warm serveren met de koude dressing.

Gegrilde mosselen
met pernod en venkelboter

Gas	Indirect/halfhoog vuur	✹ ✹
Houtskool	Indirect	
Bereidingstijd	20 minuten	
Grilltijd	10-12 minuten	4 personen

2 kg mosselen
175 g zachte boter
2 eetlepels pernod
1 eetlepel verse venkel, gehakt
1 eetlepel verse bieslook, gehakt
2 tenen knoflook, geplet
venkelgroen ter garnering

1 Boen de mosselen schoon onder koud water en verwijder de baard die uit de gesloten schelp steekt. (Gooi geopende schelpen die niet sluiten als u er een tik op geeft weg.) Zet apart.

2 Doe de boter, pernod, venkel, bieslook en knoflook in een grote kom en klop ze door elkaar.

3 Leg twee grote vellen stevige aluminiumfolie op elkaar. Leg een kwart van de mosselen in het midden en leg er een kwart van de boter op. Breng de zijden van de folie nu omhoog rond de mosselen zodat er een balvorm ontstaat en vouw ze bovenop goed dicht. Herhaal deze werkwijze met de overige mosselen en boter tot u vier pakketjes heeft.

4 Leg de pakketjes midden op het grillrooster en gril ze 10-12 minuten indirect op halfhoog vuur tot de mosselen open zijn. (Gooi mosselen die dichtblijven weg.) Garneer met het venkelgroen en serveer.

Krabtaartjes
met chilidipsaus

Gas	Direct/halfhoog vuur	✹ ✹
Houtskool	Direct	
Bereidingstijd	30 minuten + 1 uur opstijven	
Grilltijd	7-8 minuten	6 personen

175 g witte vis zoals kabeljauw, schelvis of wijting
250 g wit krabvlees, vers of uit blik
125 g maïs, uitgelekt
1 rode chilipeper, zonder zaadlijsten en gehakt
2 lente-uitjes, fijngehakt
2 eetlepels verse koriander, gehakt
1 eetlepel Thaise vissaus
1 ei, losgeklopt
zout en versgemalen zwarte peper
olie om in te vetten

Chilidipsaus
6 eetlepels rijstwijnazijn
1 theelepel fijne suiker
1 jalapeñopeper, in ringetjes

1 Verwijder vel en graten van de vis. Snijd het vlees in blokjes en maal ze een paar seconden in de keukenmachine tot er een pasta is ontstaan. Schep deze in een schaal. Roer het krabvlees erdoor.

2 Voeg aan het vismengsel de maïs, chilipeper, lente-ui, koriander, vissaus, ei, zout en peper toe. Meng alles goed door elkaar.

3 Verdeel de massa in twaalf porties en vorm van elke portie een rond taartje van ca. 2 cm dik. Leg ze op een blad en laat 1 uur opstijven in de koelkast.

4 Maak intussen de **chilidipsaus**: meng de rijstazijn, suiker en jalopeñoper door elkaar. Zet apart.

5 Bestrijk de taartjes met olie en gril ze 7-8 minuten direct op halfhoog vuur tot ze bruin zijn en draai ze halverwege één keer om. Serveer met de chilidipsaus.

Rechts: **krabtaartjes.**

gevogelte

Een dikke, malse kalkoen, eend of kip met een krokant vel is de held van de barbecue. Deze veelzijdige vogels zijn geschikt voor een keur aan recepten – maak ze pikant met aroma's uit Mexico en India, of probeer de zoetzure smaken uit China en Thailand. En geniet wat dichter bij huis van mildgeurende kruiden of van de tinteling van citroen en limoen.

Schuif bij het grillen van kippenpootjes rode paprika onder het vel om de smaak vast te houden of marineer ze met geurige kruiden. Leer hoe u een hele eend perfect kunt grillen met een heerlijke fruitchutney in z'n buik, of hoe u een piepkuiken glaceert met appelgelei. U zult al snel ook met de kerst de barbecue gebruiken om een met sinaasappel en tijm gekruide kalkoen te grillen die even mals en sappig is als kalkoen uit een gewone oven.

perfect gevogelte

De keuze aan gevogelte is overweldigend. Er zijn handige voorverpakte porties en hele, ovenklare vogels van de legbatterij, de scharrelfarm, de biologische boer en noem maar op. Bedenk hoe u uw kip wilt bereiden voor u hem koopt. Als u sterke kruiden of specerijen gebruikt, kunt u een goedkoper exemplaar nemen. Als u de kip zonder meer grilt, neem dan een wat betere kwaliteit. Gegrilde kip is het lekkerst mét het vel. Het kan ook zonder, maar omdat het meeste vet vlak onder het vel ligt, zal de kip dan meer marinade of olie nodig hebben om sappig te blijven. Zowel hele kippen als bouten moet u altijd onder koud water afspoelen en droogdeppen met keukenpapier voor de bereiding.

Het kruiden van kip en kalkoen

Kip is een zeer veelzijdige vleessoort en kan eindeloos met allerlei smaken worden gecombineerd. Die kunt u op verscheidene manieren toevoegen. Bij marineren laat u vlees circa een halfuur trekken in een marinade op yoghurt- of oliebasis die allerlei kruiden en specerijen kan bevatten. De droge kruidenmix is ook een goede manier om smaak toe te voegen. Kerf kipfilet, kipkarbonades en drumsticks in zodat de smaak er beter in kan trekken. Boter, die anders snel verbrandt, is bij hele vogels een succes. Kruidenboters die u onder het vel smeert, houden de vogel sappig tijdens het grillen en geven intussen hun smaak af. Ook de buikholte kan worden gevuld met citrusvruchten, kruiden of uien en knoflook.

Lekker bij kip of kalkoen

Dragon ■ basilicum ■ munt ■ citroenmelisse ■ tijm ■ rozemarijn ■ peterselie ■ yoghurt ■ paprika ■ citroengras ■ laurier ■ sinaasappel ■ citroen ■ limoen ■ knoflook ■ gember ■ chili ■ sojasaus ■ sesamolie ■ saffraan ■ cider ■ sherry.

Kip aan het bot: vleugeltjes, drumsticks en filet

Drumsticks en kippenborsten vragen geen speciale voorbereiding. Bereiding van kippenvleugeltjes: snijd de punt eraf en gooi die weg. Snijd ze bij het gewricht in tweeën. Leg de stukken met de botzijde omlaag midden op het grillrooster. Gril indirect gedurende de tijd die de tabel noemt (zie blz. 66). Controleer altijd of de kip of kalkoen gaar tot op het bot en nergens meer roze is.

Kip en kalkoen zonder bot

Kip- of kalkoenfilet (ca. 150-175 g) kan worden platgeslagen (tot schnitzels) wat perfect is voor warme sandwiches. Leg een stuk kip of kalkoen tussen twee vellen vetvrij papier of plasticfolie en sla het met de deegrol plat tot een dikte van 1 cm. Gril indirect op halfhoog vuur, volgens het recept.

een hele kip of kalkoen voorbereiden voor de grill

Vouw de vleugels onder de vogel. Trek het vel over de nek en de buikholte en zet het vast met een metalen spies. Bind de poten bij elkaar met een touwtje. Wrijf in met wat olijfolie of gebruik kruidenboters of marinades en kruiden of specerijen.

Het dresseren van een hele kip of piepkuiken (spatchcocking)

Snijd met een scherp mes of een wildschaar aan beide zijden langs de ruggengraat en verwijder die. Vouw de kip open en maak hem plat door met uw hand het borstbeen in te drukken. Steek door het kogelscharnier van een poot een lange metalen spies die diagonaal door de vogel gaat en eruit komt bij het vleugelgewricht aan de andere kant. Herhaal dit aan de andere kant met een tweede spies die de eerste kruist.

Het ontleden van een hele vogel

Zelf ontleden heeft het voordeel dat het veel goedkoper is dan het kopen van losse stukken en u houdt een karkas over waarvan u een lekkere bouillon kunt trekken.

1 Leg de kip met de borst naar boven. Steek een mes tussen de dij en het karkas. Richt het mes naar binnen, snijd door het kogelgewricht en verwijder de poot. Herhaal dit bij de andere poot.

2 Knip met de wildschaar langs het borstbeen tussen de twee borsthelften. Knip rond elke helft en verwijder ze met de vleugels er nog aan. Knip de punten van de vleugels.

3 Snijd beide borsthelften in tweeën, laat de vleugeltjes zitten. Verdeel de poten in karbonades en drumsticks. U heeft nu 8 stukken: 2 drumsticks, 2 karbonades, 2 borststukken met vleugel en 2 borststukken zonder.

Kipspiezen

Kip en kalkoen lenen zich uitstekend voor de spies omdat ze mager en snel gaar zijn. Snijd ze in hapklare blokjes van ca. 2½ cm of snijd ze in repen die in harmonicavorm aan de spies worden geregen, vaak aan satéstokjes.

Het grillen van een eend of gans

Prik het vel van een eend of gans overal in zodat het vet eruit kan lopen. Doe dit een paar keer tijdens het grillen. Rooster eendenborst altijd met het vel naar beneden. Als u stukken eend grilt op direct vuur moet u er zo veel mogelijk vet afsnijden om vlammen te voorkomen.

Wildgevogelte: fazant, houtsnip en patrijs

Al het wildgevogelte kan worden gegrild. Vanwege hun sterke smaak hoeft u geen kruiden toe te voegen. Sommige vogels moeten worden verpakt in plakjes spek om uitdrogen tegen te gaan.

Veiligheidswenken

- Bewaar rauw of gegrild gevogelte altijd in de koelkast en apart van elkaar.

- Ontdooi kip bij warm weer altijd in de koelkast.

- Was uw handen en keukengerei (messen, planken etc.) altijd goed nadat u rauw gevogelte hebt behandeld.

- Gebruik nooit hetzelfde keukengerei voor rauw en gegrild gevogelte.

- Gril kip altijd goed gaar. Test dit met een vleesthermometer of steek een mes in het dikste gedeelte van het stuk waarna het sap dat eruit loopt geen bloed mag bevatten.

grilltijden voor gevogelte

Kip en hele vogels met bot

Gril stukken gevogelte met het bot naar beneden tot het binnenste niet meer roze is. Gril hele vogels met de borstkant naar boven. Stukken gevogelte met vel moeten met de velkant naar boven worden gegrild, zodat het vet uit het vel het vlees kan bedruipen. Het vel kan voor het serveren worden verwijderd zodat het gerecht minder vet levert. Wilt u het eraan laten zitten, rooster ze dan snel 2 minuten op de velkant tot dit is dichtgeschroeid, keer ze en gril ze met het vel naar boven gaar. Eendenborst moet op de velkant worden geroosterd zodat het vet niet in het vlees trekt.

Soort gevogelte	gewicht	grilltijd	kerntemp.
Hele kip	1½-2 kilo	1-1½ uur	82 °C
Halve kip	650-800 g	1-1¼ uur	82 °C
Kippenborst met bot	225 g	30-35 minuten	82 °C
Kippenborst zonder bot	115-175 g	10-12 minuten	77 °C
Kipdrumsticks/-karbonades	125-175 g	35-45 minuten	82 °C
Kippenvleugels	75 g	30 minuten	82 °C
Piepkuiken	350-450 g	45-60 minuten	82 °C
Hele kalkoen (ongevuld)	5½-7 kg	2½-3 uur	82 °C
(algemene regel: 11-13 min per 500 g)	7½-10 kg	3-4 uur	82 °C
Kalkoenborst met bot	1½ kg	1-1½ uur	82 °C
Kalkoendrumsticks/-karbonades	450-700 g	¾-1¼ uur	82 °C
Hele eend	2 kg	1½-2 uur	82 °C
Botloze eendenborst	ca. 225 g	10-15 minuten	77 °C
Hele fazant	ca. 1 kg	40-45 minuten	82 °C
Hele gans	5½-7 kg	3 uur	82 °C

Rechts: door hele kalkoen op indirecte wijze te grillen, wordt het vlees sappig en amberkleurig zonder dat u hem steeds moet bedruipen.

Kip en kalkoen zonder bot

Leg de kip of kalkoen midden op het grillrooster. Gril hem op de houtskoolgrill volgens de indirecte methode en op de gasgrill op halfhoog vuur volgens de indirecte methode. De tijden zijn gebaseerd op mediumgaar, d.w.z. niet meer roze vanbinnen. Draai het vlees tijdens het grillen een keer om.

Soort gevogelte	gewicht	bereidingstijd	kerntemp.
Kippeborst	115-150 g	10-12 minuten	77 °C
Kippenblokjes (spies)	2½ cm	10-12 minuten	77 °C
Kipburger	1½ cm dik	10-12 minuten	77 °C
Kalkoenschnitzel	½-1 cm dik	5-8 minuten	77 °C
Kalkoenfiletblokjes (spies)	2½ cm	12-15 minuten	77 °C
Kalkoenfilet	1¾ kg	1 uur	77 °C

Echt verse gember moet een schilferig vel hebben.

Pikante kipstukjes
op tandoori-wijze

Gas	Indirect/halfhoog vuur	☀
Houtskool	Indirect	
Bereidingstijd	15 minuten + 8 uur marineren	
Grilltijd	70 minuten	6 personen

500 ml yoghurt, naturel
2½ cm verse gember, geraspt
3 tenen knoflook, geperst
2 theelepels paprikapoeder
2 theelepels zout
1½ theelepel kaneel
1 theelepel gemalen komijn
1 theelepel gemalen koriander
versgemalen zwarte peper naar smaak
¼ theelepel gemalen kruidnagel
1½ kg kipstukjes met vel
partjes limoen voor het serveren

1 Doe de yoghurt in een grote kom. Roer gember, knoflook, paprikapoeder, zout, kaneel, komijn, koriander, peper en kruidnagel er goed doorheen. Zet apart.

2 Maak met een scherp mes twee of drie diepe kerven in de stukjes kip. Leg de kip in de marinade en schep de marinade in de kerven. Laat afgedekt 8 uur in de koelkast marineren.

3 Bestrijk het grillrooster met olie. Schraap de marinade van de stukjes kip en gril ze 35-45 minuten indirect op halfhoog vuur tot ze gaar zijn, draai ze één keer om. Breng op smaak en serveer warm met partjes limoen en warm naanbrood.

Boven: **kalkoenschnitzels**.

De gekarameliseerde rode uien passen perfect bij de kalkoenschnitzels, zowel qua kleur als qua smaak.

Kalkoenschnitzels
met mosterd en gekarameliseerde uien

Gas	Direct/halfhoog vuur	✳
Houtskool	Direct	
Bereidingstijd	30 minuten	
Grilltijd	10 minuten	4 personen

6 eetlepels olijfolie
2 rode uien, in dunne ringen
1 theelepel suiker
50 ml droge witte wijn
3½ eetlepel dijonmosterd
1 teen knoflook, geperst
zout en versgemalen zwarte peper
4 kalkoenschnitzels
2 eetlepels mayonaise
1 ciabattabrood
handje rucolabladeren

1 Verhit 2 eetlepels olie in een steelpan, voeg de uiringen en de suiker toe en laat 15 minuten zachtjes sudderen tot de ui lichtbruin is. Voeg de witte wijn toe en laat hem inkoken. Zet apart.

2 Klop in een kommetje de overige olijfolie, 1½ eetlepel mosterd en de geperste knoflook door elkaar. Voeg royaal zout en peper toe. Strijk dit over de kalkoen en zet apart. Meng de overige mosterd met de mayonaise en zet apart.

3 Snijd de ciabatta in de lengte doormidden, snijd elke helft in tweeën en leg apart.

4 Gril de kalkoenschnitzels 4-5 minuten direct op halfhoog vuur. Draai ze om, bestrijk met de overige mosterdolie en gril ze in nog 2-3 minuten gaar.

5 Rooster de stukken ciabatta 1-2 minuten op de grill met het snijvlak naar beneden. Smeer op elk stuk mosterdmayonaise. Leg daar een kalkoenschnitzel op. Schep de gekarameliseerde ui op de schnitzels en leg er een paar blaadjes rucola op.

Opmerking van de kok

Kalkoenschnitzels zijn gemakkelijk zelf te maken. U hebt 150 g kalkoenfilet per persoon nodig. Leg elk stuk tussen twee vellen plasticfolie en sla ze met de deegroller plat tot een dikte van ½ cm.

Hele kalkoen
gevuld met tijm en sinaasappel

Gas	Indirect/halfhoog vuur	✳ ✳ ✳
Houtskool	Indirect	
Bereidingstijd	30 minuten	
Grilltijd	2½-3 uur	10-12 personen

1 theelepel korianderzaad
200 g zachte boter
2 grote sinaasappels
flinke bos tijm
4½-5 kg ovenklare kalkoen
3 laurierblaadjes
2 eetlepels olijfolie
zout en versgemalen zwarte peper

1 Rooster de koriander 1-2 minuten in een droge koekenpan tot het geur afgeeft en maal hem in een vijzel fijn tot poeder. Laat afkoelen.

2 Doe de zachte boter in een kom en klop de koriander erdoor. Rasp de schil van de sinaasappels en roer deze door de boter. Bewaar de sinaasappels. Voeg 2 eetlepels verse tijm toe en klop alles tot een gladde massa. Zet apart.

3 Maak het vel op de borst en de poten van de kalkoen los door uw vingers vanaf de hals tussen het vel en het vlees te werken. Zorg dat het vel niet scheurt. Smeer alle boter onder de huid uit over borst en poten.

4 Halveer de sinaasappels en stop ze in de buikholte met de laurier en takjes tijm. Bind de poten samen en bestrijk de kalkoen rondom met olijfolie. Bestrooi royaal met peper en zout.

5 Leg de kalkoen direct midden op het grilrooster. Gril 2½-3 uur (26 min. per kg) indirect op halfhoog vuur of tot er helder vocht uitloopt als u een spies in het dikste stuk prikt. De kerntemperatuur moet 77 °C zijn.

6 Leg de kalkoen op een schaal en laat hem voor het trancheren 20 minuten rusten.

▸ **Hele kalkoen**
Zie foto
op blz. 67

Kip-fajita aan de spies
met guacamole-salsa

Gas	Indirect/halfhoog vuur	✳ ✳
Houtskool	Indirect	
Bereidingstijd	35 minuten + 30 min. marineren	
Grilltijd	12-14 minuten	4 personen

3 eetlepels olijfolie
1 teen knoflook, geperst
½ theelepel gemalen komijn
½ theelepel gemalen koriander
1 theelepel chilipoeder
zout en versgemalen zwarte peper
4 kipfilets
1 rode paprika
1 groene paprika
1 ui

Guacamole-salsa
2 rijpe maar stevige avocado's
1 limoen, alleen het sap
1 grote rode chilipeper, zonder zaadlijsten en fijngehakt
6 lente-uitjes, fijngehakt
3 tomaten, ontveld, zonder pitjes en in blokjes
3 eetlepels verse koriander, gehakt

1 Doe de olijfolie, knoflook, komijn, gemalen koriander, chilipoeder en zout en peper in een kom en roer alles goed door elkaar. Snijd de kip in blokjes en wentel ze door de marinade. Laat 30 minuten marineren op kamertemperatuur. Laat intussen 8 bamboespiezen 30 minuten weken in koud water.

2 Halveer de paprika's en verwijder de zaadlijsten. Snijd het vruchtvlees in hapklare stukjes en zet apart. Snijd de ui in acht partjes en zet apart.

3 Rijg om en om stukjes kip, rode en groene paprika en ui aan de spiezen. Strijk resterende marinade op de paprika en de ui.

4 Gril 12-14 minuten indirect op halfhoog vuur tot ze gaar zijn.

5 Maak intussen de **guacamole-salsa**: halveer, ontpit en schil de avocado's. Snijd ze in blokjes, doe die in een kom en voeg het limoensap, de chili, lente-ui, tomaat en koriander toe. Schep alles goed om.

6 Serveer de warme spiezen met de guacamole-salsa.

▸ **Kip-fajita aan de spies**
Zie foto linksboven
op blz. 62

Gevogelte

Zorg dat u het koriander-pepermengsel goed tussen de poot en het vleugelgewricht smeert zodat de smaak zich goed verspreidt.

Aromatische kip
met citroenmelisse of munt

Gas	Indirect/halfhoog vuur	✹ ✹
Houtskool	Indirect	
Bereidingstijd	20 minuten	
Grilltijd	1¼ uur	4 personen

1 citroen
50 g fijne suiker
bosje citroenmelisse of munt
1 braadkip van 1 kg
1 theelepel zwarte peperkorrels
1 theelepel korianderzaad
2 eetlepels olijfolie
½ theelepel zout

1 Snijd de citroen in dunne plakjes. Breng in een steelpan water aan de kook, voeg de citroen toe en laat 2 minuten koken. Laat uitlekken en fris de plakjes op onder koud water. Doe de suiker en 150 ml water in een schone steelpan en breng aan de kook. Voeg de citroenplakjes toe en laat 10 minuten sudderen. Haal de pan van het vuur en laat de plakjes in het vocht afkoelen.

2 Bereid intussen de kip voor: werk met uw vingers het vel los van de borst en vervolgens van de poten. Laat de citroenplakjes uitlekken. Werk de plakjes en de citroenmelisse of munt onder het vel op het vlees van borst en poten.

3 Maal de peperkorrels en de korianderzaadjes grof in een vijzel. Vermeng ze met de olie en strijk dit over de kip. Leg de kip midden op het grillrooster gril 1-1¼ uur indirect op halfhoog vuur tot het uitlopende vocht helder blijft en de kerntemperatuur 77 °C is. Laat de kip voor het trancheren 10-15 minuten rusten.

Gevogelte

Gegrilde kipfilet
met drie Chinese sauzen

Gas	Direct/halfhoog vuur	
Houtskool	Direct	
Bereidingstijd	25 minuten + 30 min. marineren	
Grilltijd	10-12 minuten	4 personen

1 sjalot, fijngehakt
1 teen knoflook, geperst
4 eetlepels olijfolie
4 kipfilets

Sojasaus met gember
1 theelepel verse gember, geraspt
4 eetlepels donkere sojasaus
1 eetlepel zonnebloemolie
snufje suiker

Lente-uitjessaus
1 teen knoflook, geperst
4 lente-uitjes, fijngehakt
1 theelepel verse gember, geraspt
3 eetlepels zonnebloemolie
3 eetlepels lichte sojasaus
1 eetlepel droge sherry
1 theelepel sesamolie

Chilisaus
3 eetlepels wijnazijn
½ eetlepel suiker
1 jalapeñopeper, in ringetjes

Voor het serveren:
szechuanpeperkorrels, gekneusd
grof zeezout

Van boven af met de klok mee: **lente-uitjessaus, chilisaus, szechuanpeperkorrels, zeezout, sojasaus met gember.**

1 Doe de sjalot, een teen knoflook en de olijfolie in een kom en roer ze door elkaar. Bestrijk de kipfilets hiermee en laat ze afgedekt 30 minuten op kamertemperatuur marineren.

2 Bereid intussen de dipsauzen. **Sojasaus met gember**: zeef de verse gember boven een kom. Voeg de donkere sojasaus, de zonnebloemolie en de suiker toe en roer alles door elkaar. Zet apart.

3 Lente-uitjessaus: roer de knoflook, lente-ui en gember door elkaar in een kom. Verhit de zonnebloemolie in een pannetje tot er damp vanaf komt. Giet hem over het lente-uimengsel. Voeg de lichte sojasaus, sherry en sesamolie toe en roer alles goed om. Zet apart.

4 Chilisaus: roer de wijnazijn, de suiker en de jalapeñopeper door elkaar en zet apart.

5 Schraap de marinade van de kipfilets en gril ze 10-12 minuten direct op halfhoog vuur. Draai ze een keer om.

6 Doe drie dipsauzen, de peperkorrels en het zeezout in aparte kommetjes en zet ze in het midden van de tafel. Snijd de kipfilets in plakjes en serveer ze met de dipsauzen.

Kipburgers
met mayonaise van blauwe kaas

Gas	Direct/halfhoog vuur	✹ ✹
Houtskool	Direct	
Bereidingstijd	30 minuten + koelen	
Grilltijd	15 minuten	4 personen

500 g kipkarbonades zonder bot en vel of 500 g kipgehakt
6 plakken doorregen spek, zonder zwoerd
1 eetlepel olijfolie
1 teen knoflook, geperst
1 sjalot, gesnipperd
2 eetlepels grofgehakte verse dragon
50 g witbroodkruim

Mayonaise van blauwe kaas
1 eidooier
1 theelepel dijonmosterd
150 ml lichte olijfolie
1 theelepel witte-wijnazijn
75 g blauwe kaas
1 eetlepel verse bieslook, geknipt
4 hamburgerbroodjes
paar blaadjes kropsla

1 Snijd de kipkarbonades in stukken en doe ze in de keukenmachine. Snijd twee plakjes spek in stukken en doe die bij de kip; maal tot een grove massa. Verhit de olijfolie in een koekenpan en voeg de knoflook en de sjalot toe. Laat ze in 1-2 minuten glazig worden. Laat afkoelen en giet overtollige olie af.

2 Voeg de knoflook en de sjalot en daarna de dragon en het broodkruim, zout en peper toe aan het kipmengsel. Goed mengen. Verdeel de massa in vier porties. Vorm met bebloemde handen hamburgers van elke portie. Zet ze 30 minuten in de koelkast.

3 Voor de **mayonaise met blauwe kaas**: klop de eidooier in een kom los met de mosterd en royaal peper en zout. Klop nu langzaam de olijfolie erdoor tot de massa dik en glad is. Klop de azijn erdoor. Verkruimel de blauwe kaas en spatel hem door de mayonaise. Voeg de bieslook toe en zet apart.

4 Gril het spek in 8-10 minuten krokant. Laat uitlekken en zet apart. Bestrijk het grillrooster met olie en gril de burgers 15 minuten direct op halfhoog vuur gaar, draai ze één keer om.

5 Rooster de broodjes op de grill. Leg wat sla op een helft van de broodjes. Leg hier de kipburger, een lepel mayonaise en een plakje spek op. Dek af met de andere helft.

Gevulde kippenpoten
met gegrilde rode parika

Gas	Indirect/halfhoog vuur	
Houtskool	Indirect	
Bereidingstijd	15 minuten	
Grilltijd	35-45 minuten	4 personen

20 g verse koriander
25 g verse basilicum
40 g verse parmezaanse kaas
4 hele kippenpoten
4 rode paprika's
zout en peper

1 Doe de koriander, basilicum en Parmezaanse kaas in de keukenmachine en maal ze fijn.

2 Snijd overtollig vet van de poten. Werk met uw vingers het vel los van de dij en de drumstick. Verdeel het koriander-basilicummengsel over de poten en werk dit gelijkmatig onder het vel. Bestrooi royaal met peper en zout.

3 Leg de kippenpoten en de paprika's midden op het grillrooster en gril 20 minuten indirect op halfhoog vuur, draai de paprika's één keer om.

4 Haal de paprika's van het vuur. Draai de kippenpoten om en gril die nog 20-25 minuten tot ze gaar zijn en het uitlopende vocht helder is.

5 Verwijder intussen het vel, steel en zaadlijsten van de paprika's en vang hun sap op. Haal de kip van de grill en laat 5 minuten rusten. Besprenkel met het paprikasap en serveer warm met de gegrilde paprika's.

'Spatchcocked' piepkuikens
met appelglazuur

De spiezen houden de piepkuikens tijdens het grillen in vorm. Bestrijk de piepkuikens snel met het appelglazuur zodat de barbecue geen warmte verliest.

Gas	Indirect/halfhoog vuur	✸ ✸
Houtskool	Indirect	
Bereidingstijd	15 minuten	
Grilltijd	45 minuten	4 personen

4 piepkuikens

Appelglazuur
150 ml puur appelsap
60 g ruwe rietsuiker
1 eetlepel ciderazijn
2 eetlepels tomatenketchup
1 sinaasappel, alleen de geraspte schil
zout en versgemalen zwarte peper

1 Week 8 bamboespiezen 30 minuten in koud water. Knip met de wildschaar langs beide kanten de ruggengraat van de piepkuikens en verwijder het bot. Vouw de vogels open en druk het borstbeen in om ze plat te maken. Duw een spies door een poot die diagonaal door de vogel gaat en uitkomt bij het vleugeltje aan de andere kant. Herhaal dit aan de andere kant met een tweede spies die de eerste kruist. Steek alle piepkuikens zo vast.

2 Voor het **appelglazuur**: doe het appelsap, de suiker en de azijn in een steelpannetje en laat de massa tot de helft inkoken. Roer de ketchup, sinaasappelschil, zout en peper erdoor.

3 Leg de piepkuikens in een ondiepe schaal en giet het glazuur erover. Bestrijk elke vogel ermee. Haal ze eruit en laat overtollig glazuur eraf druipen.

4 Bestrijk het grillrooster met wat olie. Gril de piepkuikens 45-60 minuten indirect op halfhoog vuur. Bestrijk elke 15 minuten even met het glazuur tot ze gaar zijn en het uitlopend sap helder is en hun temperatuur in het dikste gedeelte 77 °C is. Serveer met Waldorfsalade (zie blz. 139).

Eendenborst met sinaasappel
en rode-wijnsaus

Gas	Direct/laag vuur	✹ ✹
Houtskool	Direct	
Bereidingstijd	15 minuten + 1 uur marineren	
Grilltijd	15 minuten	4 personen

4 eendenborsten, zonder bot
1 grote sinaasappel, geraspte schil en sap
1 teen knoflook, geperst
1 sjalot, gesnipperd
1 laurierblad
250 ml rode wijn
2 eetlepels balsamicoazijn
1 theelepel suiker
3 eetlepels rode-bessengelei
zout en versgemalen zwarte peper

1 Snijd overtollig vet van het vlees (zie opmerking hieronder). Kerf een ruitpatroon in het vet en snijd daarbij tot in het vlees. Leg het in een enkele laag in een ondiepe schaal en wrijf het sinaasappelraspsel in de kerven. Verdeel de knoflook en de sjalot erover, voeg een laurierblad toe en giet het sinaasappelsap en de rode wijn erover. Laat minstens 1 uur marineren.

2 Haal de eendenborsten uit de marinade en laat ze uitlekken. Giet de resterende marinade in een steelpan. Voeg de azijn en de suiker toe, breng aan de kook en laat zachtjes tot de helft inkoken. Zeef dit boven een schone steelpan, klop de rodebessengelei en zout en peper erdoor en laat nog 1-2 minuten koken om iets in te dikken.

3 Leg intussen de eendenborsten met het vel omlaag op het grillrooster en gril ze 6-8 minuten direct op laag vuur tot het vel goudbruin kleurt. Draai ze om en gril nog 6-7 minuten voor mediumgaar (en nog 3-4 minuten langer voor doorbakken). Snijd de eendenborsten in plakjes en serveer met de saus.

Opmerking van de kok

Eendenvel bevat veel vet, dus snijd overtollig vet weg om opschietende vlammen te voorkomen. Gebeurt dit toch, schuif het vlees dan eventjes naar een minder warm gedeelte van de grill tot het vuur niet meer opvlamt.

Eendenborst
met Indonesische marinade

Gas	Indirect/halfhoog vuur
Houtskool	Indirect
Bereidingstijd	10 minuten + 24 uur marineren
Grilltijd	10 minuten

4 personen

4 eendenborsten zonder bot
4 eetlepels sojasaus
2 eetlepels honing
2 eetlepels sesamzaad, geroosterd
3 tenen knoflook, geperst
50 ml kippenbouillon
1 theelepel hoisinsaus
1½ theelepel maïzena
1 eetlepel sake (Japanse rijstwijn)
2 lente-uitjes, gesnipperd
rijst of noedels voor het serveren

1 Snijd het vel van de eendenborst tot op 3 mm weg en snijd ook overtollig vet of vlees dat van de rand afhangt weg. Kerf een ruitpatroon in het overgebleven vet en snijd daarbij tot in het vlees, zodat het vet beter kan wegdruipen. Zet apart.

2 Roer voor de marinade de sojasaus, de honing, het sesamzaad en de knoflook door elkaar. Leg de eendenborsten in een enkele laag in een ondiepe schaal en giet de marinade erover. Wentel het vlees erin om. Dek af en laat 24 uur in de koelkast marineren, af en toe omdraaien.

3 Haal de eendenborsten uit de marinade en bewaar het vocht. Leg ze met het vel omlaag op het grillrooster. Gril ze 10 minuten indirect op halfhoog vuur, één keer omdraaien. Laat ze daarna 5 minuten rusten.

4 Giet intussen de kippenbouillon, de hoisinsaus en de marinade in een steelpannetje. Breng aan de kook en laat zachtjes sudderen. Meng de maïzena aan met de sake. Roer dit door het mengsel in de steelpan en laat de saus nog 1-2 minuten sudderen totdat hij iets dikker is.

5 Snijd de eendenborst diagonaal in plakjes en schep de saus erover. Bestrooi met lente-ui en serveer met rijst of noedels.

Krokante eend
met peren-kumquatchutney

Gas	Indirect/halfhoog vuur
Houtskool	Indirect
Bereidingstijd	15 minuten
Grilltijd	2 uur

4 personen

Peren-kumquatchutney
1 eetlepel olijfolie
2 stevige, rijpe peren
1 ui, grof gesnipperd
1 kaneelstokje
8 kumquats
een paar takjes tijm
1 laurierblad

1¾ kg panklare eend
1 eetlepel zeezout
zout en versgemalen zwarte peper

1 Voor de **peren-kumquatchutney**: schil de peren, snijd ze in vieren en verwijder het klokhuis. Snijd de parten in blokjes en doe ze in een kom. Halveer de kumquats en doe ze bij de peer.

2 Verhit de olie in een pan en voeg de ui en het kaneelstokje toe. Smoor ze in 4-5 minuten glazig. Draai het vuur hoger en voeg de peer, kumquats, tijm en laurier toe. Laat nog 3-4 minuten smoren. Haal van het vuur en laat afkoelen.

3 Verwijder eventuele organen uit de eend. Snijd overtollig vet weg rond de buikholte. Schep het peren-kumquatmengsel erin.

4 Prik de eendenborst hier en daar in met een spies en bestrooi hem met zeezout. Leg de eend direct midden op het grillrooster. Gril hem 1½-2 uur indirect op halfhoog vuur en prik het vel elke 30 minuten in zodat overtollig vet kan wegdruipen. De eend is gaar als het uitlopende sap helder blijft. Laat voor het trancheren 15 minuten rusten.

5 Schep de peren-kumquatchutney uit de eend in een schaal. Verwijder de tijm en de laurier. Bestrooi royaal met zout en peper en serveer warm bij de eend.

Opmerking van de kok

Proef de vulling voor u hem opdient. Als hij wat scherp is, voeg dan een flinke schep suiker toe. De smaak hangt af van de zoetheid van de peren en de scherpte van de kumquats.

vlees

De rijke, zoete, roostergeur van vlees van de barbecue is een van de verleidelijkste aroma's die er zijn. Worstjes, hamburgers en biefstukken zijn van oudsher favoriet. Maar een uitbreiding van dat barbecuerepertoire met bijvoorbeeld lamscarré, varkenshaas en zelfs een hele geglaceerde ham levert een massa heerlijke gerechten op die gemakkelijk te bereiden zijn.

Heerlijk zijn bijvoorbeeld de ham met abrikozenglazuur, car-shui-varkenshaas met pruimensaus en lendenbiefstuk met peper en braadworst (of saucijzen) met rodekool, bekende ingrediënten die zo een verrukkelijke draai krijgen.

perfect vlees

Als u rundvlees of lamsvlees voor de grill koopt, let er dan op dat het vlees mooi doorregen is (vetadertjes in het vlees). Vet geeft veel smaak aan het vlees, en omdat u de vetranden er bijna helemaal afsnijdt (tegen de vlammen), is het belangrijk dat het vlees doorregen is.

Rundvlees moet helderrood zijn, maar lamsvlees is juist wat doffer. Varkensvlees en kalfsvlees moeten lichtroze en niet doorregen zijn. Het vet van varkensvlees moet glad en helderwit zijn, kalfsvet is eerder rozeachtig wit.

Vraag de slager het vlees op maat te snijden, zodat u de aangegeven grilltijden zo strikt mogelijk kunt opvolgen.

Veiligheidswenken

- *Bewaar rauw of gebraden vlees altijd van elkaar gescheiden, in de koelkast.*
- *Laat vlees altijd in de koelkast ontdooien.*
- *Maak uw handen, het bestek, de vleesplanken en het werkblad altijd goed schoon als u rauw vlees hebt behandeld.*
- *Gebruik nooit dezelfde vleesplank, hetzelfde bestek of dezelfde borden voor rauw en gebraden vlees.*

Rechts: **lamskoteletjes, bijeengehouden met vochtige cocktailprikkers, worden gegrild met olie en verse rozemarijn.**

Hiernaast: **voor vlees van meer dan 2½ cm dik is een vleesthermometer onmisbaar. Schuif hem tegen het eind van de aangegeven grilltijd in het midden van het dikste stuk van het vlees.**

Vlees kruiden

U kunt rund-, varkens-, kalfs- en lamsvlees op diverse manieren kruiden. Kruiden kunt u prima inwrijven, want het rauwe vlees is er stevig genoeg voor. Marineren gaat ook goed, zolang het vlees minstens een uur in de marinade staat. U kunt een paar kerven in het vlees snijden voor u de marinade of de kruiden toevoegt. Strijk sauzen of glazuur kort voor het eind van de grilltijd over het vlees.

Geschikte smaakmakers voor rundvlees
Uien ■ paprikapoeder ■ kaneel ■ gember ■ kardemom ■ peperkorrels ■ knoflook ■ cognac ■ port ■ yoghurt ■ peterselie ■ mierikswortel ■ mosterd ■ sojasaus ■ chilipepers.

Geschikte smaakmakers voor lamsvlees
Knoflook ■ rozemarijn ■ munt ■ citroen ■ yoghurt ■ chilipepers.

Geschikte smaakmakers voor varkens- en kalfsvlees
Knoflook ■ chilipepers ■ steranijs ■ sojasaus ■ ahornsiroop ■ sesamolie ■ gember ■ rozemarijn ■ salie ■ tijm ■ appel ■ mosterd ■ honing.

Grote stukken vlees

Grote stukken, zoals borststuk van het rund, varkensgebraad of lamsbout, worden direct gegrild. Lamsbout zonder bot wordt gegrild op halfhoog vuur. Het is raadzaam alle vlees met veel vet op een rooster te leggen dat in een aluminium braadslee wordt gelegd, en dit midden op het rooster te zetten. Giet als het vet in de braadslee te donker wordt een scheutje water erbij.

Steaks, karbonades en andere kleine stukken

Steaks behoren tot de populairste stukken vlees voor op de barbecue. Bestrijk het vlees of het rooster met olie tenzij het is gemarineerd. In de richtlijnen vindt u de grilltijd voor medium gebakken steaks, maar met een beetje ervaring kunt u de gewenste grilltijd zelf exact bepalen.

Vlees dichtschroeien op de barbecue

Het dichtschroeien van een steak of karbonade om de sappen te behouden, gaat op de barbecue niet anders dan in een koekenpan. Doordat de sappen in het vlees blijven, blijft het mals. Bovendien druipt het hete vet dan van het vlees, waardoor de voor gegrild vlees zo kenmerkende rooksmaak ontstaat. Verwarm bij gebruik van een gasbarbecue deze voor op hoge stand, leg het vlees er direct op en sluit de deksel boven de grill. Gril vlees van maximaal 2½ cm ca. 2 minuten, dikkere stukken 3-4 minuten. (Snijd overtollig vet eraf. Als er vlammen ontstaan, zet dan de middelste brander af tot het vuur niet meer vlamt en zet hem dan weer op lage of middelste stand.) Voltooi het grillen na het dichtschroeien met de indirecte methode op halfhoog vuur, volgens de richtlijnen van het recept.

Volg dezelfde procedure als u vlees wilt dichtschroeien op een houtskoolbarbecue. Leg het vlees direct boven de kooltjes met afgesloten deksel om het dicht te schroeien, rooster het vlees daarna boven indirect vuur. Als u de houtskoolbarbecue heeft opgesteld voor de indirecte methode, dat wil zeggen dat de kooltjes aan een van beide kanten liggen, schroei het vlees dan gewoon dicht boven de kooltjes en schuif het daarna naar het midden van het rooster om het indirect te roosteren. Heeft u de barbecue opgesteld voor direct grillen, schuif het vlees na het dichtschroeien dan naar de rand van het rooster, verwijderd van de directe warmtebron. Dit gecombineerde grillen is ideaal voor het roosteren van dikkere steaks en koteletten en voor klein vlees.

Vleesspiezen

U kunt rund-, lams-, varkens- en kalfsvlees allemaal aan spiezen prikken. Maar als u een stuk vlees langdurig of langzaam moet grillen, leent het zich niet voor de spies. Neem malse stukken vlees die binnen 25 minuten kunnen worden gegrild. Snijd overtollig vet eraf en snijd het vlees in hapklare blokjes, van ca. 2½ cm². Metalen spiezen en bamboestokjes zijn geschikt, en ook houtige rozemarijntakjes kunnen dienen als vleesspies want die zorgen bovendien voor een heerlijk aroma, vooral bij lam. Leg ze net als houten spiezen 30 minuten in het water.

richtlijnen voor het grillen van vlees

De meeste buitenkoks zijn niet zo zeker van zichzelf als ze vlees, afgezien van hamburgers, op de barbecue of grill moeten bereiden. Met behulp van onderstaande richtlijnen en tabellen leert u hoe u een stuk vlees, hoe groot het ook is, moet grillen maar na verloop van tijd wordt het oog uw ware gids. Met enige ervaring weet u precies wanneer het vlees klaar is, of u nu houdt van rauw of van doorbakken. Twijfelt u of het vlees gaar is, neem het dan van de grill en leg het op een schone plank. Steek er in het midden een mes in: als het sap er zonder spoortje bloed uitkomt, is het vlees gaar. Is het bloederig sap, leg het vlees dan nog even op de grill.

Rund- en kalfsvlees

Leg steaks in het midden van het grillrooster en bak het vlees met de directe methode. De grilltijden zijn gebaseerd op medium (gril het vlees iets langer voor gaar); draai het vlees halverwege één keer om. Laat het vlees altijd 10-15 minuten na het grillen rusten, afgedekt met aluminiumfolie. Zo kunnen de sappen zich weer in het vlees verspreiden en bovendien gaart het vlees dan nog na en stijgt de kerntemperatuur van het vlees tot de gewenste hoogte. U kunt het vlees ook afdekken met aluminiumfolie om het warm te houden. Leg grote stukken vlees midden op het rooster (houtskool en gas) en gril ze gedurende de aangegeven tijd volgens de indirecte methode. De grilltijden zijn voor medium.

Type rundvlees	*Gewicht/dikte*	*Grilltijd*	*Kerntemp.*
Lende, haas, T-bone- of ribsteak	2,5 cm	8-10 minuten	71 °C
	4 cm	14-16 minuten	71 °C
	5 cm	15-20 minuten	71 °C
Rumpsteak of staartstuk	450-900 g	beide kanten 7 minuten	71 °C
Borststuk	2,25-2,75 kg	2½-3 uur	71 °C
Uitgebeend lendenstuk	1,75-2,75 kg	2-2½ uur	71 °C
Hamburger	2 cm	ca. 10 minuten	71 °C
Kalfskotelet	2 cm	10-12 minuten	71 °C
	2,5 cm	14 minuten	71 °C
	3,5 cm	16-18 minuten	71 °C

Lamsvlees

Leg koteletten midden op het grillrooster en bereid ze volgens de directe methode. De grilltijden zijn voor medium (gril iets langer voor doorbakken); draai het vlees halverwege één keer om. Laat het vlees na het grillen 10-15 minuten afgedekt met aluminiumfolie tot rust komen. Dan gaart het vlees na en stijgt de kerntemperatuur naar volmaakt medium gegrild vlees. Leg grote stukken vlees midden op het rooster
(houtskool en gas) en gril ze gedurende de aangegeven tijd volgens de indirecte methode. De grilltijden zijn voor medium.

Type lamsvlees	Gewicht/dikte	Grilltijd	Kerntemp.
Lenden- en ribkotelet en ribben	2,5 cm	10-12 minuten	71 °C
	5 cm	14-16 minuten	71 °C
Lamsboutschijf	2,5 cm	10-12 minuten	71 °C
Lamskroon	1,5-1,75 kg	1¼ -1½ uur	71 °C
Lamscarré	1,2-1,5 kg	1¼ -1½ uur	71 °C
Lamsbout, zonder bot, plat gelegd	1,75 kg	55-65 minuten	71 °C
Lamsbout, zonder bot en opgebonden	2,25-2,75 kg	1½-2 uur	71 °C

Varkensvlees

Leg karbonades in het midden van het grillrooster en gril ze met de directe methode als ze 2-2,5 cm dik zijn; gril dikkere karbonades indirect op halfhoog vuur. De grilltijden zijn gebaseerd op medium tot gaar (varkensvlees mag in het midden niet meer roze zijn). Draai het vlees halverwege één keer om. Laat het vlees naderhand 10-15 minuten verpakt in aluminiumfolie tot rust komen. Dan gaart het vlees na en stijgt de kerntemperatuur naar volmaakt medium gegrild vlees. Pas bij grote stukken dezelfde methode toe als bij rund- of lamsvlees. Gril saucijsjes met de directe methode, maar pas op voor vlammen als ze zeer vet zijn. Ook deze moeten goed gaar zijn en mogen in het midden niet meer roze zijn.

Type varkensvlees	Gewicht/dikte	Grilltijd	Kerntemp.
Rib-, haas- en schouderkarbonade	2 cm	12-14 minuten	71 °C
Varkenslende	1,5-2,25 kg	1¾ uur	71 °C
Spareribs	1,5-1,75 kg	1-1½ uur	71 °C
Varkenshaas	350-450 g	25-35 minuten	71 °C
Saucijsjes	dik/groot	25 minuten	71 °C

Provençaalse lamscarré
met witte-bonensalade

Gas	Direct/halfhoog vuur	✹✹✹
Houtskool	Direct	
Bereidingstijd	15 min. + 4-6 uur marineren	
Grilltijd	15-25 minuten	4 personen

1 kleine ui, grofgehakt
6 tenen knoflook, grofgehakt
4 pruimtomaten, grofgehakt
15 g verse rozemarijntakjes
15 g verse peterselie
2 eetlepels dijonmosterd
300 ml rode wijn
1 theelepel zeezout
½ theelepel versgemalen zwarte peper
2 lamscarrés, ca. 700 g

Witte-bonensalade
250 g gedroogde cannellinibonen
1 l kippenbouillon
1 kleine ui, in vieren
1 wortel, in vieren
1 bleekselderijstengel, in vieren
1½ theelepel gedroogde oregano
50 ml extra vergine olijfolie
1 eetlepel rode-wijnazijn
2 eetlepels peterselie, gehakt
2 grote tomaten, in blokjes
50 g zwarte of groene olijven, in plakjes
zout en versgemalen zwarte peper

1 Doe voor de marinade ui, knoflook, tomaten, rozemarijn, peterselie, mosterd en rode wijn in een keukenmachine, voeg zout en peper toe en maal het tot een puree. Schep het mengsel in een grote, niet metalen kom. Snijd overtollig vet van het lamsvlees en leg het vlees in de marinade; bedek het goed met marinade, dek het af en zet 4-6 uur op een koele plaats.

2 Doe voor de **witte-bonensalade** de gedroogde bonen in een grote pan en schenk er minstens tweemaal zoveel water op. Breng aan de kook en laat 10 minuten pruttelen; neem de pan van het vuur en laat 1 uur staan. Giet de bonen dan af. Doe de bonen weer in de pan, met de bouillon, ui, wortel, bleekselderij en oregano. Breng aan de kook, temper het vuur en laat ze in 1-1½ uur gaar koken. Verwijder de groenten, giet de bonen af en leg ze in een schaal. Voeg olijfolie, azijn, peterselie, tomaten en olijven toe; strooi er flink peper en zout over en laat afkoelen.

Bedek botjes met folie voor het grillen, want ze worden snel zwart.

3 Haal het lamsvlees uit de marinade. Wikkel aluminiumfolie om de botjes, zodat ze niet verbranden. Gril het vlees direct boven halfhoog vuur – rood 15 minuten en doorbakken 25 minuten – en draai het één keer om. Laat de carré 10-15 minuten rusten voor u ze in koteletjes snijdt. Serveer ze met de bonensalade.

Worstenbroodjes
met gemarineerde rodekool

Gas	Indirect/halfhoog vuur	☀
Houtskool	Indirect	
Voorbereidingstijd	45 minuten	
Grilltijd	16-18 minuten	6 personen

400 g rodekool
1 ui
2 eetlepels zonnebloemolie
2 tenen knoflook, geperst
½ eetlepel karwijzaadjes
120 ml ciderazijn
2 eetlepels bruine basterdsuiker
zout en versgemalen zwarte peper
6 saucijsjes
olie, om mee te bestrijken
6 hotdogbroodjes, halfopen gesneden
scherpe mosterd, voor erbij

1 Snijd de rodekool en ui in zeer dunne reepjes met een keukenmachine of scherp mes. Verhit de olie in een grote pan en voeg de rodekool, ui en knoflook toe; roerbak 5-6 minuten tot alles zacht wordt.

2 Voeg het karwijzaad toe en roerbak nog eens 1-2 minuten. Voeg azijn, bruine suiker en zout en peper toe, breng aan de kook en temper het vuur. Zet het deksel op de pan en laat 25 minuten pruttelen tot het geheel door en door gaar is. Zet de pan van het vuur en laat volledig afkoelen.

3 Bestrijk de saucijsjes met een beetje olie en gril ze 18-20 minuten indirect op halfhoog vuur tot ze gaar zijn; draai ze één keer om.

4 Besmeer de broodjes met een beetje mosterd, schep de gemarineerde rodekool erin, leg de saucijsjes erop en serveer.

Kalfskoteletten met rozemarijn
en gegrilde paddestoelenrelish

Gas	Direct/halfhoog vuur	✸ ✸
Houtskool	Direct	
Voorbereidingstijd	15 minuten	
Grilltijd	25 minuten	4 personen

2 eetlepels olijfolie
1 eetlepel verse rozemarijn, fijngehakt
2 tenen knoflook
½ citroen, alleen geraspte schil
½ theelepel zeezout
4 kalfskoteletten van ca. 2,5 cm dik

Gegrilde paddestoelenrelish
1 ui
250 g grote shii-takes
2 eetlepels olijfolie
zout en versgemalen zwarte peper
1 rood tomaatje, zonder pitjes, in blokjes
1 geel tomaatje, zonder pitjes, in blokjes
1 eetlepel gehakte verse tijm
2 theelepels sherry-azijn
1 eetlepel extra vergine olijfolie
1 eetlepel gehakte peterselie

1 Meng in een kommetje de olijfolie, rozemarijn, knoflook, het citroenraspsel en zout. Strijk beide kanten van de koteletten in met dit mengsel, dek ze af en zet ze in de koelkast terwijl u de gegrilde paddestoelenrelish bereidt.

2 De **gegrilde paddestoelenrelish**: snijd de ui in dikke ringen en leg die in een kom met de shii-takes en de olijfolie. Schep ze voorzichtig om en breng op smaak met zout en peper. Gril de paddestoelen en uiringen 10 minuten direct op halfhoog vuur tot ze zacht en goudkleurig zijn, draai ze één keer om. Laat afkoelen en hak ze in grove stukken. Schep ze in een schaal en voeg de tomaten, tijm, sherry-azijn, olijfolie en peterselie toe. Schep goed om, breng eventueel op smaak en zet apart.

3 Haal de kalfskoteletten uit de marinade en gril ze direct 12-15 minuten op halfhoog vuur, draai ze één keer om. Ze mogen in het midden nog lichtroze zijn.

4 Laat de koteletjes 5-10 minuten rusten en serveer ze met de gegrilde paddestoelenrelish.

Honing-mosterdsaucijsjes
met uienspiezen

Gas	Indirect/halfhoog vuur	
Houtskool	Indirect	
Voorbereidingstijd	10 minuten	
Grilltijd	18 minuten	6 personen

3 tenen knoflook, geperst
1 citroen, alleen het sap
3 eetlepels grove mosterd
3 eetlepels vloeibare honing
1 theelepel chilipoeder
2 grote uien
12 grote varkenssaucijzen
olie, om te bestrijken

1 Meng knoflook, citroensap, mosterd, honing en chilipoeder in een kom goed door elkaar. Zet apart.

2 Snijd de uien in de lengte doormidden zodat de lagen intact blijven. Snijd de helften elk doormidden. Snijd de kwarten in 2 of 3 partjes en zorg dat ze intact blijven. Spies de partjes aan 2 of 3 lange spiezen.

3 Bestrijk de saucijsjes en de uipartjes met het mosterd-honingmengsel. Bestrijk ze vervolgens met olie en leg ze midden op het grillrooster. Gril ze 6 minuten indirect op halfhoog vuur. Draai ze om en gril ze nog eens 12 minuten tot de saucijsjes en uipartjes gaar zijn.

4 Leg de saucijsjes in een grote schaal. Ris de uipartjes met een vork van de spiezen. Leg ze bij de worstjes, schep goed om en serveer met zelfgemaakte frietjes (zie blz. 106).

Gegrilde steak
met tomatensaus

Gas	Direct/halfhoog vuur	
Houtskool	Direct	
Voorbereidingstijd	5 minuten	
Grilltijd	12-16 minuten	4 personen

4 T-bonesteaks van elk 225-325 g
zout en versgemalen zwarte peper
8 middelgrote pruimtomaten, overlangs gehalveerd
2 eetlepels olijfolie
1 grote ui, fijngehakt
1 teen knoflook, fijngehakt
3 eetlepels verse basilicum, gescheurd

1 Strooi zout en peper over de steaks en leg ze op het grillrooster direct op het vuur. Strijk een klein deel van de olie op de tomaten en leg ze met de snijkant naar boven rond de steaks. Gril 6-8 minuten direct boven halfhoog vuur, draai ze één keer om, tot de tomaten zacht zijn. Haal de tomaten van de grill en zet ze apart. Keer de steaks om en gril ze nog eens 6-8 minuten voor medium, 8-11 minuten voor gaar vlees.

2 Doe de rest van de olie, de ui en knoflook in een ovenvaste koekenpan. Zet de pan op de zijbrander en laat 6-8 minuten braden, terwijl u zo nu en dan roert in het uimengsel, tot de uien en knoflook zacht en lichtbruin zijn. Heeft u geen zijbrander, zet de pan dan direct op het grillrooster, maar zorg ervoor dat het handvat niet boven het vuur komt.

3 Hak de tomaten grof, doe ze met de basilicum bij het uimengsel en breng op smaak. Haal de steaks van de grill, laat ze 5 minuten rusten en verdeel ze over de borden. Roer achterblijvend vleesnat door de tomatensaus en geef deze bij het vlees.

Gegrilde steak
Zie foto linksboven
op blz. 84

Lamskoteletten
met gember en port

Gas	Indirect/halfhoog vuur	✻✻
Houtskool	Indirect	
Bereidingstijd	20 minuten	
Grilltijd	7-17 minuten	4 personen

300 ml kippenbouillon
50 ml ketchup
50 ml tomatenpuree
1 kleine ui, fijngesnipperd
1 stengel bleekselderij, kleingesneden
50 ml port
2 eetlepels honing
1 eetlepel versgeraspte gember
1 eetlepel bruine saus
1 eetlepel balsamicoazijn
1 eetlepel worcestersaus
2 theelepels chilipoeder
2 theelepels mosterdpoeder
2 theelepels lichtbruine basterdsuiker
8 lamskoteletten

1 Doe alle ingrediënten, behalve de lamskoteletten, in een steelpan. Breng aan de kook en laat 1 uur, af en toe roerend, onafgedekt sudderen tot de saus is ingedikt. Schenk hem in de keukenmachine en pureer hem tot een gladde massa. Laat afkoelen en zet tot gebruik in de koelkast. De saus kan drie dagen van tevoren worden gemaakt. Bewaar hem in de koelkast.

2 Gril de lamskoteletten indirect op halfhoog vuur, 7-9 minuten voor rood, 10-13 minuten voor medium en 14-17 minuten voor doorbakken. Bestrijk ze de laatste 2 minuten van de grilltijd met de saus. Haal de koteletten van de grill en laat ze 3-4 minuten rusten. Warm intussen de resterende saus op en serveer die bij de koteletten.

Lamskoteletten
Zie foto linksonder op blz. 84

Lamsspiezen
met cognac-kruidensaus

Gas	Indirect/halfhoog vuur	✻
Houtskool	Indirect	
Bereidingstijd	10 minuten	
Grilltijd	7-17 minuten	4 personen

2 middelgrote groene paprika's, in blokjes van 2½ cm
700 g lamsbout zonder bot, in blokjes van 2½ cm
1 grote ui, in 8 partjes
zout en versgemalen zwarte peper
plantaardige olie, om in te vetten

Cognac-kruidensaus
120 ml olijfolie
1 kleine ui, grofgehakt
1 citroen, alleen het sap
2 eetlepels cognac
1 teen knoflook, grofgehakt
2 theelepels dijonmosterd
1 theelepel gedroogde oregano
1 eetlepel verse tijm, gehakt
snufje cayennepeper

1 Bij gebruik van houten spiezen: week 8 stuks 30 minuten in koud water. Breng in een grote pan water aan de kook, voeg de paprika, toe, breng weer aan de kook en giet meteen af. Spoel af onder koud water, laat weer uitlekken en dep droog met keukenpapier.

2 Rijg het lamsvlees, de paprika en de ui aan 8 spiezen. Bestrooi met zout en peper en zet apart.

3 Voor de **cognacsaus**: doe alle ingrediënten voor de saus in de keukenmachine en pureer ze tot een gladde massa.

4 Bestrijk de spiezen licht met olie en gril ze indirect op halfhoog vuur, 7-9 minuten voor rood, 10-13 minuten voor medium of 14-17 minuten voor doorbakken. Draai ze halverwege om en bestrijk ze tijdens het grillen een paar keer royaal met de saus.

Bepaalde stoffen in de pruimenpitten maken de saus dikker. Dankzij de katoenen zakjes zijn ze gemakkelijk te verwijderen.

Knijp de katoenen zakjes uit boven de saus nadat u ze uit de pan hebt gevist.

Opmerking van de kok

Als u geen verse pruimen kunt vinden, kunt u in een Chinese voedingsmiddelenwinkel ook pruimensaus in een pot kopen.

Char-sui-varkenshaas
met pruimensaus

Gas	Indirect/halfhoog vuur	✷ ✷
Houtskool	Indirect	
Bereidingstijd	50 minuten + 4 uur marineren	
Grilltijd	30 minuten	6 personen

Char-sui-marinade

4 eetlepels zwarte stroop
2 eetlepels donkere sojasaus
3 eetlepels droge sherry
3 varkenshaasjes van ca. 400 g per stuk

Pruimensaus
700 g verse pruimen
10 hele kruidnagels
1 steranijs
2 kleine gedroogde chilipepers
250 g bruine suiker
1 theelepel zout
2½ cm verse gember, fijngehakt
350 ml witte-wijnazijn
olie, om in te vetten

1 Voor de **char-sui-marinade**: doe de stroop, sojasaus en sherry in een steelpannetje en roer alles op halfhoog vuur goed door elkaar. Laat afkoelen.

2 Snijd overtollig vet van de varkenshaasjes en leg ze in een ondiepe schaal. Giet de char-sui-marinade erover en wentel de varkenshaasjes erdoor zodat ze geheel bedekt zijn. Dek af en laat 4 uur in de koelkast marineren.

3 Voor de **pruimensaus**: halveer de pruimen en verwijder de pit. Sla de pitten stuk met een hamer en bind ze in een katoenen lapje. Bind in een tweede lapje kruidnagel, steranijs en chilipepers. Doe de zakjes samen met de pruimen, de suiker, het zout, de gember en azijn in een pan.

4 Breng de massa in de pan langzaam aan de kook tot de suiker is opgelost en laat 20 minuten sudderen tot de pruimen zacht zijn. Vis de zakjes eruit en knijp ze uit boven de pan. Laat nog 5-10 indikken op hoog vuur. Laat afkoelen (de saus wordt daarbij nog dikker).

5 Bestrijk het grillrooster met wat olie. Haal de varkenshaasjes uit de marinade en gril ze 30 minuten indirect op halfhoog vuur tot ze door en door gaar zijn. Snijd ze in plakjes en serveer met de pruimensaus.

Gegrilde schouderkarbonades
met pikante kruidenmix

Gas	Indirect/halfhoog vuur	✳
Houtskool	Indirect	
Bereidingstijd	10 minuten	
Grilltijd	10 minuten	8 personen

1½ theelepel scherpe paprikapoeder
1 eetlepel gemalen koriander
1 eetlepel citroenschil, fijngeraspt
1 eetlepel gedroogde marjolein
2 eetlepels knoflookpoeder
1 theelepel zout
¾ theelepel versgemalen peper
½ theelepel gemalen komijn
¼ theelepel karwijzaad, gekneusd
¼ theelepel kaneelpoeder
8 schouderkarbonades zonder bot, ca. 2 cm dik, ca. 175 g per stuk

1 Roer in een kommetje alle ingrediënten, behalve het vlees, door elkaar. Wrijf de kruidenmix in beide zijden van de karbonades. Druk de mix er goed in.

2 Leg de karbonades in het midden van het grillrooster. Gril indirect op halfhoog vuur, 10 minuten voor medium, 12-14 minuten voor doorbakken. Draai de karbonades halverwege de grilltijd om.

Opmerking van de kok

U kunt in plaats van schouderkarbonades ook 1½-1¾ kg spareribs nemen. Bereid deze hoeveelheid zoals hierboven beschreven en gril 1¼ tot 1½ uur indirect op halfhoog vuur.

Pepersteaks
met romige cognacsaus

Gas	Direct/hoog vuur	✳ ✳ ✳
Houtskool	Direct	
Bereidingstijd:	10 minuten	
Grilltijd	8 minuten	4 personen

3 eetlepels zwarte peperkorrels
4 lendenbiefstukken, ca. 225 g per stuk

Romige brandysaus
1 eetlepel plantaardige olie
1 ui of sjalot, fijngesnipperd
1 teentje knoflook, geperst
2 eetlepels cognac
300 ml goede vleesbouillon
6 eetlepels crème fraîche
zout en versgemalen zwarte peper
olie, om in te vetten

1 Doe de peperkorrels in een vijzel en stamp ze grof. Snijd overtollig vet van het vlees. Spreid de gestampte peper uit over een vel vetvrij papier. Druk de biefstukken op de peper en schud overtollige peper eraf. Ga door tot alle peper is opgenomen.

2 Voor de **romige cognacsaus**: verhit de olie in een steelpannetje. Voeg de ui (of sjalot) en knoflook toe en laat ze 2-3 minuten op laag vuur glazig smoren. Giet de cognac erbij en flambeer tot de vlammen verdwijnen. Voeg de vleesbouillon toe en laat nog 10-12 minuten inkoken tot ca. 100 ml. Voeg de crème fraîche toe en laat de saus 5 minuten koken en iets dikker worden. Breng op smaak en zet apart.

3 Bestrijk het vlees met wat olie en leg het met de gepeperde kant omlaag op het midden van het grillrooster en gril 8 minuten direct op hoog vuur voor medium, draai halverwege om. Geef beide kanten 2-3 minuten langer voor doorbakken. Serveer met de romige cognacsaus.

Linksboven: **gegrilde schouderkarbonade.**

Rechtsboven: **pepersteak.**

Pas op dat de peper bij het omdraaien niet van de pepersteak valt, omdat de peper deze steak zijn bijzondere smaak geeft.

Gegrilde rumpsteak
met zoete Aziatische marinade

Gas	Direct/halfhoog vuur	✹ ✹
Houtskool	Direct	
Bereidingstijd	5 minuten + 3-4 uur marineren	
Grilltijd	12-15 minuten	4 personen

120 ml sojasaus
120 ml pruimensaus
120 ml ananassap
120 ml ketchup
2 lente-uitjes, fijngehakt
3 eetlepels verse koriander, gehakt
5 cm verse gember, geraspt
4 tenen knoflook, fijngehakt
500 g rumpsteak of staartstuk

1 Doe alle ingrediënten behalve het vlees in een kommetje en roer ze goed door elkaar. Leg de steak in een ondiepe schaal en giet de marinade erover. Wentel het vlees er even in rond. Dek af en zet 3-4 uur in de koelkast. Draai het vlees zo nu en dan om.

2 Haal de steak uit de marinade en bewaar de marinade. Gril de steak 12-15 minuten direct op halfhoog vuur, draai hem één keer om en bestrijk hem zo nu en dan met wat marinade. Laat de steak 5 minuten rusten en snijd hem dan in dunne plakken.

3 Doe de marinade in een steelpannetje en breng hem aan de kook. Laat 5 minuten tot op twee derde inkoken en serveer bij de steak.

Hele geroosterde ham
met sinaasappel-abrikozenglazuur

Gas	Indirect/halfhoog vuur	✹ ✹
Houtskool	Indirect	
Bereidingstijd	5 minuten	
Grilltijd	1½-2 uur	8-10 personen

1½-2 kg achterham, gekookt
hele kruidnagels ter garnering

Sinaasappel-abrikozenglazuur
100 g abrikozenjam
50 ml sinaasappelsap
½ citroen, alleen het sap
2 eetlepels sojasaus

1 Snijd met een scherp mes het vel van de ham en laat de dikke speklaag zitten. Kerf een ruitpatroon in het vet met diagonale kerven op ca. 2½ cm afstand van elkaar. Steek een kruidnagel in het hart van elk ruitje.

2 Voor het **sinaasappel-abrikozenglazuur**: roer de abrikozenjam, het sinaasappel- en citroensap en de sojasaus door elkaar en zet apart.

3 Leg de ham midden op het grillrooster en gril hem 1½-2 uur direct op halfhoog vuur. Bestrijk de ham voor de laatste 15 minuten van de grilltijd rondom met het glazuur. Haal hem van de grill en laat voor het aansnijden 15 minuten rusten.

4 Verwarm voor het serveren het resterende glazuur en bestrijk de ham ermee.

Opmerking van de kok

Voor het koken van een hamschijf van 1½-2 kg: leg de ham in een grote pan met koud water en breng aan de kook. Giet het water af, vul weer met koud water, breng weer aan de kook en laat 20 minuten per 500 g koken.

Rechts: **hele geroosterde ham.**

Amerikaanse klassiekers

In Amerika wordt al generaties lang gebarbecued. Het land kan dan ook bogen op een aantal klassieke gerechten die nog niets aan populariteit hebben ingeboet. Barbecuen betekent buitenvertier voor het hele gezin. Aan tafel worden oude, traditionele gerechten evenzeer gewaardeerd als nieuwe, inspirerende recepten en de Amerikaanse klassiekers worden gecompleteerd door een keur aan internationale smaken.

In de Amerikaanse culinaire traditie betekent 'barbecuen' het langzaam braden van vlees op laag vuur. Probeer de klassieke gerechten maar eens die dit het best illustreren – borststuk van de barbecue of een 'verscheurd' varkentje.

Wilt u het simpel houden, dan zijn de spareribs op de manier van Kansas een traktatie of de maïskolf met chili en koriander. En dan is er natuurlijk ook nog de oer-Amerikaanse favoriet: hamburgers met – jawel, gegrilde! – friet.

Zelfgemaakte friet
met pikante ketchup

Gas	Direct/halfhoog vuur	✻
Houtskool	Direct	
Bereidingstijd	10 minuten	
Grilltijd	10-12 minuten	4 personen

Pikante ketchup
150 ml ketchup
1 eetlepel chilisaus
2 theelepels balsamicoazijn

1 kg aardappels, ongeschild
2 eetlepels olijfolie
2 grote tenen knoflook, fijngehakt
zout en versgemalen zwarte peper

1 Voor de **pikante ketchup**: roer de ketchup, de chilisaus en de azijn in een kom goed door elkaar en zet apart.

2 Snijd de aardappels doormidden en snijd elke helft in 4 partjes. Doe de olijfolie, knoflook, zout en peper in een grote kom en roer ze goed om. Voeg de aardappel toe en schud om tot alles goed is vermengd.

3 Leg de aardappelschijfjes op het rooster en zorg dat ze er niet doorheen vallen. Gril ze direct 10-12 minuten op halfhoog vuur tot ze rondom goudbruin zijn. Draai ze een keer om. Zet voor extra krokante frietjes het deksel de laatste 2 minuten open. Heet serveren met de pikante ketchup.

Klassieke hamburgers
in geroosterde sesambroodjes

Gas	Direct/halfhoog vuur	✻
Houtskool	Direct	
Bereidingstijd	10 minuten	
Grilltijd	12-16 minuten	4 personen

700 g mager rundergehakt
2 tenen knoflook, geperst
½ ui, grofgeraspt
1 eetlepel worcestersaus
zout en peper
200 g belegen kaas, in dunne plakjes (desgewenst)
4 hamburgerbroodjes met sesam, doormidden gesneden
Serveren met uiringen, plakjes tomaat, sla, mayonaise, mosterd, ketchup, komkommerspread.

1 Meng in een grote kom het gehakt, knoflook, ui, worcestersaus en royaal zout en peper door elkaar. Verdeel de massa in vieren en vorm er hamburgers van.

2 Gril de hamburgers 12-16 minuten direct op halfhoog vuur, draai ze een keer om. Leg om er cheeseburgers van te maken de laatste 2-3 minuten kaas op. Schik de laatste 2-3 minuten de broodjes met het snijvlak naar beneden rond de hamburgers, om ze te roosteren.

3 Voor het serveren: leg op een helft van elk broodje een hamburger, voeg vulling naar keuze toe en dek af met de andere helft.

Klassieke hamburgers met zelfgemaakte friet.

Zelfgemaakte friet
Zie de afbeelding linksonder op blz. 104

Ribstuk à la Buffalo
met blauwe-kaasdressing

Gas	Indirect/halfhoog vuur	☀
Houtskool	Indirect	
Bereidingstijd	10 minuten + 4 uur marineren	
Grilltijd	30-35 minuten	4 personen

50 ml ciderazijn
50 ml olijfolie
50 ml worcestersaus
2-3 eetlepels chilisaus, naar smaak
1 eetlepel bruine basterdsuiker
1½ kg varkensribstuk

Blauwe-kaasdressing
50 ml mayonaise
50 ml zure room
50 g blauwe kaas, verbrokkeld
1 teen knoflook, fijngehakt
½ theelepel worcestersaus
1-2 eetlepels melk
zout en versgemalen zwarte peper

1 Doe de azijn, olijfolie, worcestersaus, chilisaus en bruine suiker in een kommetje en klop ze door elkaar. Leg het ribstuk in een grote schaal (geen metaal), giet de marinade erover en wentel het daar even in om. Dek af en zet het 4 tot 12 uur in de koelkast. Draai het zo nu en dan om, om de marinade te verdelen.

2 Voor de **blauwe-kaasdressing**: doe de mayonaise, zure room, blauwe kaas, knoflook en worcestersaus in een kommetje en klop ze door elkaar. Voeg wat melk toe als de dressing te dik is. Breng op smaak met zout en peper en zet tot gebruik in de koelkast.

3 Haal het ribstuk uit de marinade en giet die in een steelpannetje. Breng aan de kook, laat 1 minuut inkoken en zet apart.

4 Leg het ribstuk midden op het grillrooster en gril 30-35 minuten indirect op halfhoog vuur, draai het zo nu en dan om en bestrijk het met de marinade. Laat het ribstuk voor u het in losse ribbetjes snijdt 5 minuten rusten en serveer met de blauwe-kaasdressing.

Steaksandwich
met Santa Maria-saus

Gas	Indirect/halfhoog vuur	✹ ✹
Houtskool	Indirect	
Bereidingstijd	10 minuten + 24 uur marineren	
Grilltijd	12-20 minuten	4 personen

1 eetlepel grofgemalen zwarte peper
2 tenen knoflook, geperst
1 theelepel mosterdpoeder
1 theelepel paprikapoeder
snufje cayennepeper
1 kg rumpsteak of staartstuk, 5 cm dik

Santa Maria-saus
1 eetlepel olijfolie
1 rode ui, fijngehakt
1 teen knoflook, fijngehakt
200 ml kippenbouillon
4 eetlepels ketchup
4 eetlepels bruine saus
1 eetlepel peterselie, gehakt
1 eetlepel worcestersaus
1½ theelepel gemalen koffie
stokbrood, voor het serveren
eiken-/mesquite-/hickorykrullen, 30 minuten geweekt

1 Doe de zwarte peper, knoflook, mosterdpoeder, paprikapoeder en cayennepeper in een kom en roer door elkaar. Wrijf het mengsel in het vlees, dek af met plasticfolie en zet dit 4 tot 24 uur in de koelkast.

2 Voor de **Santa Maria-saus**: verhit de olijfolie in een steelpan, voeg de ui en de knoflook toe en laat 3-4 minuten zachtjes fruiten. Voeg de overige ingrediënten voor de saus toe en breng aan de kook. Laat zachtjes sudderen en laat onder af en toe roeren inkoken tot ca. 300 ml. Doe de massa in een keukenmachine en pureer hem. Zet hem tot gebruik afgedekt in de koelkast. Laat hem voor het serveren op kamertemperatuur komen.

3 Volg voor de houtsplinters de gebruiksaanwijzing van de grill (hickory-rook verhoogt de smaak van de steak). Schroei de steak 5 minuten direct op halfhoog vuur, draai hem één keer om. Gril hem daarna indirect op halfhoog vuur, 8-10 minuten voor rood, 10-13 voor medium en 13-15 voor doorbakken, draai hem één keer om. Schik plakjes vlees en een schep saus tussen 2 sneetjes stokbrood en serveer deze sandwiches warm of op kamertemperatuur.

Maïs aan de kolf

Gas	Indirect/halfhoog vuur	✹
Houtskool	Indirect	
Bereidingstijd	10 minuten + weken	
Grilltijd	20 minuten	4 personen

4 maïskolven in de schutbladeren
125 g zachte boter

1 Week de maïs met de schutbladeren 30 minuten in ruim koud water.

2 Haal de maïs uit de pan en schud overtollig water af. Trek voorzichtig de bladeren open en verwijder de draden. Smeer de maïs in met boter en trek de bladeren weer rond de kolf. Bind ze bovenaan vast met een touwtje.

3 Leg de kolven op het grillrooster en gril ze 15-20 minuten indirect op halfhoog vuur.

Maïs met Jerksaus

2 uien, gesnipperd
2 tenen knoflook, geperst
4 eetlepels limoensap
2 eetlepels zwarte stroop
2 eetlepels sojasaus
2 eetlepels verse gember, gehakt
2 jalapeñopepers, zonder zaadlijsten en gehakt
½ theelepel kaneel
¼ theelepel piment
¼ theelepel gemalen nootmuskaat
6 maïskolven, zonder schutbladeren

Pureer alle ingrediënten behalve de maïskolven in de keukenmachine fijn. Leg elke maïskolf op een groot stuk folie en schep de *Jerksaus* erover. Wikkel de folie rond de maïs en gril 15-20 minuten indirect op halfhoog vuur.

Maïs met chilipeper en koriander

125 g zachte boter
1 rode chilipeper, zonder zaadlijsten en fijngehakt
1 eetlepel verse koriander, gehakt

Klop de boter, chili en koriander door elkaar en volg verder bovenstaand recept.

Trek de bladeren er niet helemaal af, maar trek ze open als een bananenschil. Smeer daarna de boter met een vork over de hele kolf.

De bladeren blijven na het terugvouwen aan de boter kleven, maar bind ze toch bovenaan vast, anders laten ze los als de boter smelt.

Opmerking van de kok

Als de kolf te weinig bladeren heeft, verwijder deze dan helemaal. Smeer de kolf in met boter en wikkel hem in aluminiumfolie. Bereiden als bovenstaand recept.

Door het vlees nadat het met het kruidenmengsel bestreken is op te binden met keukentouw, blijft het goed in model en zal het tijdens het roosteren minder snel droog worden.

Stukjes varkensschouder
met pikante peper-azijnsaus

Gas	Indirect/halfhoog vuur	✹ ✹
Houtskool	Indirect	
Bereidingstijd	5 minuten	
Grilltijd	2-3 uur	8 personen

2 eetlepels paprikapoeder
1 eetlepel lichtbruine basterdsuiker
1 eetlepel chilipoeder
1 eetlepel gemalen komijn
1 eetlepel poedersuiker
1½ theelepel grofgemalen zwarte peper
2 theelepels zout
2 kg varkensschouder, uitgebeend
16 hamburgerbroodjes
koolsla, voor erbij (desgewenst)

Pikante peper-azijnsaus
175 ml ciderazijn
175 ml witte-wijnazijn
2 eetlepels fijne kristalsuiker
½ theelepel chilivlokken
½-1 theelepel tabasco
zout en versgemalen zwarte peper

1 Doe paprikapoeder, basterdsuiker, chilipoeder, komijn, poedersuiker, zwarte peper en zout in een kommetje en meng ze door elkaar. Wrijf de varkensschouder rondom in met de mix.

2 Leg het vlees midden op het grillrooster en gril 2½-3 uur indirect op halfhoog vuur, draai het regelmatig om. Haal van de grill en laat afgedekt 10 minuten rusten.

3 Maak intussen de **pikante peper-azijnsaus**: doe de cider- en wijnazijn, suiker, chilivlokken en tabasco in een steelpan. Breng aan de kook en laat 10 minuten sudderen en tot op twee derde inkoken. Breng op smaak, zet apart maar houd hem warm.

4 Scheur, hak of trek het varkenvlees met twee vorken in stukken, voeg de peper-azijnsaus toe en meng alles goed door elkaar. Serveer het vlees in broodjes en (eventueel) met koolsla.

Spareribs uit Kansas-City
met pittige bbq-saus

Gas	Indirect/halfhoog vuur	✹ ✹
Houtskool	Indirect	
Bereidingstijd	5 minuten + 2 uur marineren	
Grilltijd	1-1½ uur	6 personen

Pittige bbq-mix
3 eetlepels zeezout
2 eetlepels paprikapoeder
1 eetlepel gemalen komijn
1 eetlepel gedroogde oregano
2 theelepels uienzout
1 theelepel knoflookzout
1 theelepel versgemalen zwarte peper
½ theelepel pimentpoeder
½ theelepel kaneel

1⅕ kg varkensribstuk
1 deel Weber® barbecuesaus (zie blz. 140)

1 Voor de **pittige bbq-mix**: doe alle ingrediënten voor de bbq-mix in een kommetje en roer ze goed door elkaar. Wrijf het mengsel goed in het vlees. Leg het vlees in een schaal (geen metaal) en zet die 2 uur in de koelkast.

2 Maak intussen de **Weber® barbecuesaus** volgens het recept op blz. 140. Zet apart en warm op voor het serveren.

3 Gril het ribstuk 1-1½ uur indirect op halfhoog vuur, draai het zo nu en dan om en bestrijk het gedurende de laatste 20 minuten van de grilltijd met de marinade. Laat het 5 minuten rusten voor u het in porties verdeelt en serveert met de warme Weber® barbecuesaus.

Rumpsteaktortilla's
met Mexicaanse dipsauzen

Gas	Direct/halfhoog vuur	✹ ✹
Houtskool	Direct	
Bereidingstijd	20 minuten + 3-4 uur marineren	
Grilltijd	10-19 minuten	6 personen

175 ml limoensap
150 ml groentesap
½ ui, fijngesnipperd
1 eetlepel peterselie, gehakt
2 tenen knoflook, fijngehakt
zout en versgemalen zwarte peper
750 g rumpsteak of staartstuk
2 rode paprika's, zonder zaadlijsten en in dunne ringen
1 grote ui, in dunne ringen
1 eetlepel olijfolie
12 tortilla's van 20 cm doorsnee
tomatensaus, voor het serveren
guacamole, voor het serveren

1 Doe het limoensap, groentesap, de ui, peterselie en knoflook in een kom en meng ze door elkaar. Leg de steak in een schaal (geen metaal) en giet de marinade erover. Zet 3-4 uur in de koelkast en keer hem zo nu en dan om.

2 Knip intussen een vel aluminiumfolie van 45 x 45 cm. Leg de paprika en de ui midden op het vel. Besprenkel met olijfolie, zout en peper. Vouw de randen van het folie naar elkaar en vorm een los pakketje.

3 Haal de steak uit de marinade en bewaar de marinade. Gril het vlees direct op halfhoog vuur, 10-15 minuten voor rood, 15-19 minuten voor medium, draai het een keer om. Bestrijk halverwege de grilltijd met de marinade. Leg de groentepakketjes op het grillrooster en gril ze 12-14 minuten.

4 Haal de steak van de grill en laat hem 5 minuten rusten voor u hem in dunne plakken snijdt. Wikkel intussen de tortilla's in aluminiumfolie. Leg ze 5 minuten op de grill, draai ze één keer om.

5 Serveer de plakjes vlees in de tortilla's en geef de paprika, ui, tomatensaus en guacamole erbij.

Rechts: **rumpsteaktortilla's**.

Rumpsteak of staartstuk is rood of medium het lekkerst. Als het doorbakken is, wordt het vlees ietwat taai.

Laat uw gasten hun eigen tortilla's vullen.

groenten en vegetarische gerechten

De barbecue is lange tijd het domein geweest van de carnivoor, met een enkel gastoptreden van een visje of een maïskolf. Maar vandaag de dag zijn groenten en vegetarische gerechten alom populair – groenten hebben een vaste plaats in onze voeding en ze lenen zich uitstekend voor de grill. De meeste groenten zijn snel klaar en bieden een verrukkelijk scala aan kleur, smaak en textuur, of u ze nu wel of niet met vlees of vis van de grill serveert. Vegetarische gerechten zijn uiterst simpel te bereiden. Probeer eens de pizza margherita waarop u allerlei groenten kunt leggen. De andere heerlijke recepten variëren van met geitenkaas en couscous gevulde paprika tot kikkererwtenburgers met dragonmayonaise, krokante ui en gegrilde asperges. Wie zei dat groenten saai waren?

perfecte groenten

De meeste groenten lenen zich voor de barbecue, op een paar na. Grote groenten zoals paprika's of uien kunnen zonder meer direct worden gegrild op het grillrooster, waarbij u ze omkeert met de tang. Kleinere groenten zoals paddestoelen kunt u beter aan de spies rijgen. Bestrijk groenten voor het grillen lichtjes met olijfolie om te voorkomen dat ze vastkleven aan het rooster. Als u ze tegelijk met gemarineerd voedsel eet, kunt u ze bestrijken met dezelfde marinade. Tenzij anders vermeld, moeten alle groenten halverwege de grilltijd worden omgedraaid. De ervaring leert u welk vlees en welke groenten u tegelijk of na elkaar moet grillen.

Voor grillen geschikte groenten

De hieronder aangegeven tijden zijn voor beetgare groenten. Voor gaarder geeft u ze iets langer.

■ **Aardappels** Nieuwe of krielaardappeltjes kunt u eerst in water gaarkoken. Bestrijk ze daarna met olie en gril ze direct krokant. Grote of zoete aardappels kunt u in dikke plakken snijden, bestrijk die met olie en gril ze 10-12 minuten direct op halfhoog vuur. Verpak grote hele aardappels in folie en gril ze 50 minuten tot 1 uur indirect op halfhoog vuur voor heerlijke, gepofte aardappels.

■ **Asperges** Buig ze om tot ze knappen en gooi de houtige uiteinden weg. Wentel ze door olijfolie, bestrooi met zout en gril ze 5-6 minuten direct op halfhoog vuur tot ze grillstrepen hebben en beetgaar zijn. Draai ze zo nu en dan om.

■ **Aubergines** Verwijder de uiteinden en snijd de aubergines in dikke plakken of parten. Halveer mini-aubergines. Besprenkel royaal met olie, zout en peper en gril 10-15 minuten direct op halfhoog vuur, draai ze één keer om.

■ **Courgettes** Verwijder de uiteinden en halveer ze in de lengte. Snijd grote courgettes in de lengte in drieën. Besprenkel royaal met olie, zout en peper en gril 8-15 minuten direct op halfhoog vuur, draai ze één keer om.

■ **Knoflook** Rijg teentjes aan de spies of snijd een hele bol doormidden en gril hem 8-10 minuten direct op halfhoog vuur. Hele bollen kunt u ook roosteren in aluminiumfolie. Gril de pakketjes 45-50 minuten indirect op halfhoog vuur tot de knoflook heel zacht is.

■ **Maïskolven** Smeer de maïs in met boter en vouw de bladeren weer terug. Bind ze bovenaan vast met keukentouw. Leg de kolven midden op het grillrooster en gril 15-20 minuten indirect op halfhoog vuur, draai ze één keer om. (Zie blz. 110 voor meer ideeën voor maïs.)

■ **Paddestoelen** Verwijder de steeltjes. Besprenkel royaal met olie, zout en peper en gril 8-10 minuten direct op halfhoog vuur, tot ze zacht zijn (wat afhangt van de grootte). Rijg kleine paddestoelen aan de spies om ze gemakkelijker te kunnen omdraaien.

■ **Paprika's** Snijd ze in tweeën of in vieren, verwijder de zaadlijsten. Bestrijk met olie en gril 6-8 minuten direct op halfhoog vuur;

draai ze één keer om. Hele paprika's: bestrijk ze licht met olijfolie en gril ze 15-20 minuten indirect op halfhoog vuur, tot het velletje geblakerd is en ze slap zijn. Laat afkoelen, wrijf het geblakerde velletje eraf en snijd ze volgens het recept in porties.

■ **Pompoen** Laat kleine (zomer)pompoenen heel en snijd grotere in de lengte doormidden. Bestrijk met olie en gril 10-15 minuten, draai ze één keer om.

■ **Prei** Neem kleine of middelgrote preien (grote zijn ongeschikt). Maak ze op de gebruikelijke wijze schoon, snijd de buitenste laag weg en halveer ze in de lengte. Was ze en dep ze droog met keukenpapier. Gril 12-15 minuten direct op halfhoog vuur, draai ze één keer om. Gril hele preien 14-16 minuten op halfhoog vuur, draai ze één keer om.

■ **Radicchio** Deze robuuste kroppen verdragen de hitte van een grill goed. Snijd ze in 4 parten, bestrijk de snijvlakken met olie en gril ze 6-8 minuten indirect op halfhoog vuur, draai ze één keer om.

■ **Tomaten** Halveer ze en gril ze 6-8 minuten direct op hoog vuur, met het snijvlak omhoog, tot ze blakeren.

■ **Uien** Halveer ongepelde uien en bestrijk de snijvlakken met olie. Gril 10-12 minuten direct op halfhoog vuur, met het snijvlak omlaag. Schuif de ventilatiegaten van de houtskoolgrill half dicht om de hitte te verlagen; zet de gasgrill op de laagste stand. Laat 45-60 minuten grillen tot ze volop zijn gekarameliseerd. Hele uien kunnen ook worden gepeld en geroosterd. Bereid ze zoals hele knoflook.

■ **Venkel** Verwijder het groen en snijd de knol in 4 of 5 dikke plakken. Besprenkel met olie, zout en peper en gril 12-15 minuten direct op halfhoog vuur, draai ze één keer om.

Groentespiezen

U kunt allerlei groenten aan de spies rijgen en grillen op de barbecue. De grilltijd verschilt per soort. Paprika's bijvoorbeeld zijn ideaal voor de spies en vragen ongeveer evenveel grilltijd als vlees of kip in even grote blokjes.

Voor de spies geschikte groenten

Champignons petits, heel ■ paprika, in hapklare stukjes ■ uien, in partjes ■ courgettes, in dikke plakken ■ nieuwe aardappeltjes, voorgekookt ■ kleine preien, in repen ■ mini-aubergines, gehalveerd ■ kleine artisjokken, voorgekookt en gehalveerd ■ kleine (zomer)pompoenen ■ cherrytomaatjes, apart gespiest en kort gegrild.

Bestrijk de kebabs royaal met olie, want de champignons zullen veel ervan absorberen.

Halloumi-kebabs
met champignons en pindasaus

Gas	Indirect/halfhoog vuur	✹ ✹
Houtskool	Indirect	
Bereidingstijd	45 minuten	
Grilltijd	10 minuten	4 personen

12 nieuwe aardappeltjes
2 tenen knoflook
350 g halloumikaas (een pekelkaas)
8 kastanjechampignons
8 laurierblaadjes
olie, om in te vetten
zout en versgemalen zwarte peper

Pikante pindasaus
125 g pindakaas met stukjes noot
3 eetlepels sesamolie
1 rode chilipeper, zonder zaadlijsten, fijngehakt
1 teen knoflook, geperst
1 eetlepel zoete chilisaus
6 eetlepels warme groentebouillon
2 theelepels lichtbruine basterdsuiker
2 theelepels donkere sojasaus
1 eetlepel citroensap

1 Leg de aardappeltjes in een pan water, breng aan de kook en kook ze in 15-20 minuten gaar. Giet af en laat geheel afkoelen.

2 Snijd de knoflook in dunne plakjes. Maak een paar kerven in de aardappels en steek daar een paar plakjes knoflook in.

3 Snijd de halloumikaas in 12 stukjes van gelijke grootte. Rijg de aardappeltjes, kaas, paddestoelen en laurierblaadjes aan 4 spiezen. Bestrijk met olie en breng op smaak. Zet apart.

4 Voor de **pikante pindasaus**: smelt de pindakaas au-bain-marie in een kommetje. Verhit de sesamolie in een steelpan, voeg de chilipeper en knoflook toe en laat 1 minuut smoren. Roer er de warme pindakaas, chilisaus, groentebouillon, suiker, sojasaus en het citroensap door en laat door en door warm worden. Houd warm.

5 Gril de kebabs 10 minuten indirect op halfhoog vuur tot de groente gaar en de kaas goudbruin is. Verdeel de kebabs over 4 borden en besprenkel ze met de pindasaus.

Geroosterde-aspergesalade
met verse parmezaanse kaas

Gas	Direct/halfhoog vuur	
Houtskool	Direct	
Bereidingstijd	15 minuten	
Grilltijd	5–6 minuten	4 personen

24 groene asperges
olie, om in te vetten
3 eetlepels olijfolie
2 eetlepels balsamicoazijn
zout en versgemalen zwarte peper
175 g rucola
royaal handje verse basilicum
75 g verse parmezaanse kaas

1 Snijd het houtige uiteinde van de asperges. Bestrijk de asperges met olie en leg ze op het grillrooster. Gril ze 5-6 minuten direct op halfhoog vuur tot ze grillstrepen vertonen, draai ze één keer om. Laat afkoelen en snijd ze dan in stukjes.

2 Klop de olijfolie, de balsamicoazijn en peper en zout door elkaar. Houd 1 eetlepel achter en schud de rest om met de rucola, basilicum en aspergestukjes.

3 Besprenkel voor het serveren met de resterende balsamicodressing en bestrooi met schilfers parmezaanse kaas.

Links: **geroosterde-aspergesalade.**

Kikkererwtenburgers
met mayonaise en krokante uitjes

Gas	Direct/halfhoog vuur	
Houtskool	Direct	
Bereidingstijd	30 minuten + opstijven	
Grilltijd	12 minuten	4 personen

400 g kikkererwten uit blik, uitgelekt en afgespoeld
120 g pijnboompitten
5 eetlepels olijfolie
1 kleine ui, fijngesnipperd
1 teen knoflook, geplet
1 worteltje, geraspt
2 eetlepels peterselie, gehakt
1 eetlepel tomatenpuree
1 eetlepel grove mosterd
1 ei, losgeklopt
zout en versgemalen zwarte peper
50 g volkorenbroodkruim
2 kleine uien, in dunne ringen
1 eetlepel verse dragon, gehakt
4 eetlepels mayonaise

1 Doe de kikkererwten in een grote kom en prak ze fijn met een vork. Rooster de pijnboompitten goudbruin in een droge koekenpan en doe ze bij de kikkererwten. Zet apart.

2 Verhit 1 eetlepel van de olie in een koekenpan, voeg de gesnipperde ui en de knoflook toe en laat 2-3 minuten fruiten. Doe dit bij de kikkererwtenpuree en meng de wortel, peterselie, tomatenpuree, mosterd en het losgeklopte ei, peper en zout erdoor. Blijf roeren tot alles is vermengd.

3 Verdeel de massa in 4 porties en vorm daar hamburgers van. Strooi het broodkruim in een diep bord en bedek de hamburgers ermee. Laat 1 uur opstijven in de koelkast.

4 Verhit intussen de resterende olie in een koekenpan en fruit de uiringen in 10-12 minuten goudbruin en krokant. Laat uitlekken op keukenpapier en zet apart.

5 Bestrijk de hamburgers rondom met olie. Gril ze 10-12 minuten direct op halfhoog vuur tot ze goudbruin zijn, draai ze één keer om. Roer intussen de dragon door de mayonaise. Serveer de burgers met een toefje dragonmayonaise erop en bestrooid met krokante uitjes.

Geroosterde paprika's
met geitenkaas en couscous

Gas	Direct/halfhoog vuur	
Houtskool	Direct	
Bereidingstijd	35 minuten	
Grilltijd	10 minuten	4 personen

100 g instantcouscous
300 ml warme groentebouillon
25 g boter
1 eetlepel peterselie, gehakt
2 tenen knoflook, geperst
16 zwarte olijven, grofgehakt
zout en versgemalen zwarte peper
4 grote rode paprika's
4 kleine tomaten
225 g geitenkaas
olijfolie, om in te vetten

1 Doe de couscous in een schaal en giet de bouillon erover. Laat 5 minuten staan tot alle bouillon is geabsorbeerd en de couscous zacht is. Voeg boter, peterselie, knoflook, olijven, zout en peper toe en roer alles om met een vork.

2 Halveer de paprika's en verwijder de zaadlijsten. Halveer de tomaten en leg in elke paprikahelft een halve tomaat. Schep de couscous rond de tomaten.

3 Snijd de geitenkaas in 8 plakjes en leg midden in elke paprika een plakje.

4 Bestrijk de paprika's vanbuiten met olijfolie. Gril 8-10 minuten direct op halfhoog vuur tot de paprika's gaar en lichtgeblakerd zijn. Serveren met sla.

Boerensandwich
gevuld met gegrilde groenten

Gas	Direct/halfhoog vuur	
Houtskool	Direct	
Bereidingstijd	10 minuten	
Grilltijd	13 minuten	4 personen

2 rode paprika's, gehalveerd, zonder zaadlijsten en in vieren
4 middelgrote champignons
1 aubergine, in plakken van 1 cm
50 ml olijfolie
zout en versgemalen zwarte peper
2 eetlepels balsamicoazijn
125 g mascarpone
4 kleine ciabatta's of andere boerenbroodjes
takjes verse basilicum, ter garnering

1 Bestrijk de paprikaparten, champignons en aubergineplakken met de olijfolie. Gril de paprika's 2-3 minuten direct op halfhoog vuur.

2 Leg de champignons en aubergines op de grill bij de paprika's en laat ze in 8-10 minuten gaar worden, draai ze zo nu en dan om.

3 Doe de groente in een grote kom, bestrooi met zout en peper en besprenkel met de balsamicoazijn. Zet apart.

4 Snijd de broodjes doormidden en rooster de helften op de grill. Smeer mascarpone op de onderste helften en leg daar de gegrilde groenten en takjes basilicum op. Dek af met de bovenste helften en serveer warm.

Linksboven: **boerensandwich.**

Rechtsboven: **geroosterde paprika's.**

Het geeft niet als het velletje van de paprika flink zwart wordt – dit verhoogt de smaak.

Groenten en vegetarische gerechten

Vleestomaten variëren in grootte, dus als u vulling overhoudt, neem dan een paar tomaten extra.

Gevulde tomaten
met salsa verde

Gas	Indirect/halfhoog vuur	✹ ✹
Houtskool	Indirect	
Bereidingstijd	35 minuten	
Grilltijd	8-10 minuten	6 personen

400 g cannelliniboontjes uit blik, uitgelekt en afgespoeld
1 eetlepel zongedroogde tomatenpasta
snufje tabasco
50 g vers broodkruim
300 g weidechampignons
2 eetlepels olijfolie
1 ui, fijngesnipperd
zout en versgemalen zwarte peper
3 eetlepels peterselie, gehakt
12 grote tomaten
olie, om in te vetten

Salsa verde
3 eetlepels peterselie, gehakt
1 eetlepel verse munt, gehakt
3 eetlepels kappertjes
1 teen knoflook, geperst
1 eetlepel dijonmosterd
½ citroen, alleen het sap
120 ml olijfolie extra vergine

1 Doe de cannelliniboontjes in een kom en prak ze grof. Voeg de tomatenpasta, tabasco en het broodkruim toe en meng alles goed.

2 Snijd de champignons in stukjes en doe ze in de keukenmachine. Maal ze fijn, bijna tot een pasta. Verhit in een grote koekenpan de olijfolie en fruit de uien 6-7 minuten. Roer de champignons erdoor en laat af en toe roerend nog 10 minuten sudderen tot al het vocht is verdampt. Roer dit door het bonenmengsel en breng op smaak. Roer de peterselie erdoor en zet appart.

3 Snijd het bovenste kwart van de tomaten en bewaar dat. Schep de pulp uit de tomaten en gooi die weg. Bestrooi de lege tomaten met peper en zout. Vul ze met het bonenmengsel. Zet hun kapjes erop.

4 Bestrijk de tomaten met olie en gril ze 8-10 minuten indirect op halfhoog vuur tot ze zacht en door en door warm zijn.

5 Maak intussen de **salsa verde**: doe alle ingrediënten in de keukenmachine en maal ze kort tot een grove pasta. Breng op smaak en serveer bij de tomaten.

Klassieke pizza
à la margherita

Gas	Direct/halfhoog vuur	✳
Houtskool	Direct	
Bereidingstijd	40 minuten + rusten	
Grilltijd	8 minuten	4 personen

Pizzadeeg

2 theelepels droge gist
1 theelepel suiker
350 g bloem
1 theelepel zout
200 ml warm water
1-2 eetlepels olijfolie

(Alternatief: 1 pakje kant-en-klaar pizzadeeg van 150 g)

Vulling

2 eetlepels olijfolie
1 kleine ui, fijngesnipperd
1 teen knoflook, geperst
½ theelepel gedroogde oregano
600 g pruimtomaten, grofgehakt
2 theelepels fijne suiker
olijfolie, om in te vetten
225 g mozzarella, in plakjes en drooggedept met keukenpapier
grote bos verse basilicum

1 Meng in een grote kom gist, suiker, bloem en zout door elkaar. Maak een kuiltje in het midden, giet het warme water en de olijfolie erin en meng alles door elkaar. Kneed het deeg licht op een bebloemd werkvlak tot het glad is. Leg het in een schone kom, dek af en laat op een warme plaats tot tweemaal z'n volume rijzen. Bij gebruik van een pakje: volg de aanwijzingen op het pak.

2 Maak intussen de **vulling**: verhit in een steelpan de olie en fruit de ui en de knoflook 2-3 minuten. Voeg de oregano en de tomaat toe, dek af en laat 10 minuten sudderen. Haal het deksel van de pan, voeg suiker, peper en zout toe en laat onafgedekt nog 10 minuten sudderen tot de saus is ingedikt.

3 Kneed het deeg nog een paar minuten (of volg de instructies op het pak). Verdeel het deeg in twee porties en rol die uit tot een cirkel van 25 doorsnee. Bestrijk een zijde van de pizza's met olijfolie en schuif de pizza's op twee bakplaten.

Omdat de hitte van onderen komt, zal de mozzarella mooi smelten maar niet bruin worden.

4 Schuif de pizza's met een tang met de geoliede kant naar beneden op het grillrooster en gril ze 2-3 minuten direct op halfhoog vuur tot er grillstrepen zichtbaar worden. Schuif ze terug op de bakplaat met de gegrilde kant naar boven.

5 Verdeel de tomatensaus over de pizza's en spreid die gelijkmatig uit met de bolle kant van een lepel. Leg de mozzarella erop. Bestrijk het grillrooster met olie en schuif de pizza's erop. Gril ze 3-4 minuten tot de kaas is gesmolten.

6 Haal de pizza's van de grill en leg er een handje basilicumblaadjes op. Serveer een halve pizza per persoon.

Opmerking van de kok

Gebruik als u weinig tijd hebt kant-en-klaar pizzadeeg en maak dat volgens het voorschrift op de verpakking.

salades en sauzen

Presenteer uw perfect gegrilde gerechten met een reeks heerlijke sauzen en salades. Een kom vers gemengde sla is de ideale begeleider van vlees, vis en gevogelte van de grill. Probeer de aardappelsalade met dille en kappertjes eens bij een malse steak, of de gemengde zomerkruidensalade bij gegrilde vis. Maak altijd eerst de dressing, schenk die in de kom en leg daar de sla op. Schud hem pas om als u gaat eten, dan wordt het blad niet slap.

Vergeet de ouderwetse bewerkelijke chutneys – de recepten in dit hoofdstuk zijn simpel maar barstensvol smaak. Geef groene-chilisaus of traditionele barbecuesaus bij uw favorieten van de grill, of kies voor een frisse aanpak met de pittige mierikswortel-bietjessaus. De gerechten in dit hoofdstuk geven de finishing touch aan al het lekkers van uw barbecue.

//
salades

Hoewel het een verleidelijke gedachte is dat er al een keur aan hoofdgerechten is om uit te kiezen, vormen de simpelste salades vaak de kroon op uw diner. Salades zijn de ideale begeleiders van allerlei vis, vlees en gevogelte, want ze geven extra smaak en een frisse kleur en ze hebben een contrasterende 'beet'. U heeft in een oogwenk een reeks bijgerechten op tafel staan die het hoofdgerecht prima begeleiden.

Een barbecue leent zich uitstekend om de verste ingrediënten van het seizoen te gebruiken, en van alle gerechten vraagt een salade de minste voorbereiding.

Sauzen voegen een grote hoeveelheid smaken toe aan de maaltijd: of ze nu pittig, pikant of romig zijn, u kunt ze allemaal op tafel zetten.

Alle salades zijn voor 6 personen

Feta-salade
met drie soorten bonen

350 g verse of diepvriestuinbonen
350 g sperziebonen, afgehaald en gehalveerd
400 g haricots verts, uitgelekt en afgespoeld
125 g feta, in blokjes
2 tenen knoflook, fijngehakt
1 sjalot, fijngesnipperd
2 eetlepels peterselie, gehakt
4 eetlepels olijfolie
1 eetlepel citroensap
zout en versgemalen zwarte peper

1 Kook de tuinbonen in 1-2 minuten beetgaar in gezouten water. Giet af en laat ze schrikken onder koud water. Giet weer af en doe ze in een grote kom.

2 Kook de sperziebonen in 5 minuten beetgaar in gezouten water. Giet af en laat schrikken onder koud water. Giet weer af en doe ze bij de tuinbonen.

3 Voeg de haricots verts, feta, knoflook, sjalot en peterselie toe. Klop het citroensap door de olie en giet dit over de bonen. Goed omschudden en op smaak brengen.

Aardappelsalade met dille en kappertjes

1½ kg grote vastkokende aardappels, gewassen
1 kleine rode ui, gesnipperd
4 eetlepels kappertjes, uitgelekt en gehakt
4 eetlepels verse dille, gehakt
4 eetlepels zure room
4 eetlepels mayonaise
zout en versgemalen zwarte peper

1 Snijd de aardappels in blokjes en kook ze in 10-12 minuten gaar in gezouten water. Laten uitlekken en afkoelen. Doe ze in een kom met de kappertjes en de dille.

2 Meng de zure room door de mayonaise en meng dit goed door de aardappels. Breng op smaak met zout en peper.

Neem de groente van het seizoen, die dan op z'n best is én goedkoop.

Linksboven: **feta-salade**.

Rechtsboven: **aardappelsalade met dille en kappertjes**.

Salades 135

Paprika's, uien en tomaten zijn kenmerkend voor de smaken van het mediterrane gebied.

Mediterrane salade
met gegrilde paprika's en croutons

Gas	Direct/halfhoog vuur	
Houtskool	Direct	
Bereidingstijd	20 minuten	
Grilltijd	15 minuten	6 personen

olie, om in te vetten
2 rode paprika's
2 groene paprika's
1 grote bos lente-uitjes, schoongemaakt
1 klein witbrood
8 eetlepels olijfolie
700 g tomaten
12 ansjovisfilets, uitgelekt en gehakt
75 g fijne spinazie
20 zwarte olijven
2 tenen knoflook, geperst
1 eetlepel dijonmosterd
2 eetlepels witte-wijnazijn
zout en versgemalen zwarte peper

1 Bestrijk het rooster met olie. Rooster de rode en groene paprika 10 minuten direct op halfhoog vuur tot ze zwartgeblakerd zijn, draai ze een paar keer om. Voeg de lente-uitjes toe en rooster ze 4-5 minuten. Draai ze een keer om.

2 Doe de warme paprika in een grote kom, dek hem af met huishoudfolie en laat afkoelen. Snijd de uitjes in repen en doe ze in een grote kom. Ontvel de paprika's als ze zijn afgekoeld, verwijder de zaadlijsten, snijd ze in reepjes en leg ze bij de lente-ui.

3 Snijd de korsten van het brood en snijd het in nette blokjes van ca. 2 cm. Verhit 4 eetlepels olie in een grote koekenpan, voeg het brood toe en bak ze, af en toe omschuddend, 5-6 minuten tot ze rondom bruin zijn. Laat ze op keukenpapier uitlekken en afkoelen.

4 Snijd de tomaten in partjes en doe ze bij de paprika en de uitjes in een kom. Voeg de ansjovis, de spinazie en de olijven toe en schud goed om.

5 Klop knoflook, mosterd, azijn, peper, zout en de resterende olijfolie door elkaar. Sprenkel de dressing over de salade. Strooi de croutons erover.

Kruidige couscoussalade
met pijnboompitten en rozijnen

50 g pijnboompitten
25 g boter
¾ theelepel gemalen komijn
¾ theelepel kaneel
¾ theelepel gemalen koriander
¾ theelepel gemalen piment
2 eetlepels bruine suiker
500 ml groentebouillon
350 g instantcouscous
125 g rozijnen
3 eetlepels verse koriander, gehakt

1 Rooster de pijnboompitten 1-2 minuten in een droge koekenpan goudbruin. Zet apart.

2 Smelt de boter in een kleine steelpan en voeg de komijn, kaneel, koriander, piment en bruine suiker toe. Dek af en laat 1-2 minuten zachtjes koken op laag vuur. Voeg de bouillon toe en breng aan de kook. Roer de couscous erdoor, zet het deksel op de pan en haal hem van het vuur. Laat de couscous 5 minuten wellen.

3 Roer met een vork de pijnboompitten, de rozijnen, de koriander, het zout en de peper erdoor.

Tomatensalade
met basilicum en mozzarella

350 g kleine pruimtomaatjes
350 g cherrytomaatjes
500 g kleine mozzarellabolletjes, in dunne plakjes
25 g verse basilicumblaadjes
1 eetlepel balsamicoazijn
2 eetlepels olijfolie extra vergine
zout en versgemalen zwarte peper

1 Halveer 175 g pruim- en 175 g cherrytomaatjes en laat de rest heel. Doe ze in een grote schaal, voeg de mozzarella en de basilicum toe en vermeng alles goed.

2 Klop de balsamicoazijn, olijfolie, peper en zout door elkaar. Sprenkel dit over de tomaten en mozzarella.

Waldorfsalade

6 rode friszoete appels
6 stengels bleekselderij
75 g gepelde walnoten
250 ml mayonaise
2 eetlepels citroensap
zout en versgemalen zwarte peper
2 stronkjes witlof
2 kropjes little gem-salade

1 Boor de appels uit, snijd ze in grove blokjes en doe ze in een grote kom. Snijd de bleekselderij in dikke plakjes en doe ze bij de appel. Voeg de walnoten toe.

2 Meng de mayonaise met citroensap, peper en zout tot een gladde massa. Voeg de dressing aan het appel-bleekselderijmengsel toe en meng alles goed door elkaar.

3 Snijd de lof- en slablaadjes los van de stronk. Scheur de blaadjes doormidden en meng ze in een grote kom. Schep het appel-bleekselderijmengsel erop en garneer met selderijblad.

Gemengde salade
met zomerkruiden

75 g verse fijne spinazie
75 g rucola
75 g veldsla
25 g basilicum
25 g verse kervel
25 g bieslook
25 g bladpeterselie
1 kleine teen knoflook, geperst
2 eetlepels citroensap
4 eetlepels olijfolie extra vergine
zout en versgemalen zwarte peper

1 Doe alle slablaadjes en kruiden in een grote kom en meng ze goed door elkaar.

2 Klop in een kommetje knoflook, citroensap, olijfolie en royaal peper en zout door elkaar. Sprenkel dit vlak voor het serveren over de sla.

Rechts: **Waldorfsalade.**

Links: **kruidige couscoussalade.**

sauzen

Pikante tomatensaus

500 g pruimtomaten
2 eetlepels olijfolie
1 sjalot, fijngesnipperd
2 tenen knoflook, fijngehakt
1 theelepel gedroogde chilivlokken
½ eetlepel fijne suiker
2 eetlepels verse koriander, gehakt
zout en versgemalen zwarte peper

1 Snijd met de punt van een scherp mes het oog uit de tomaten en kerf een kruis in het andere uiteinde. Dompel ze 30 seconden in een pan kokend water. Dompel ze daarna in koud water en trek het vel eraf.

2 Halveer de tomaten, schep de zaadjes eruit en gooi die weg. Snijd het tomatenvlees in blokjes en zet apart.

3 Verhit de olie in een koekenpan en fruit daarin 1-2 minuten de sjalot en de ui. Voeg de chilivlokken toe, laat nog 1 minuut fruiten, temper dan het vuur en laat nog 5-6 minuten sudderen tot alles heel zacht is. Voeg de tomaten en de suiker toe en laat 1-2 minuten sudderen. Zet de pan van het vuur en laat afkoelen. Roer de koriander erdoor, breng op smaak en serveer koud bij steaks, worstjes, kip of vis.

Aziatische saus

120 ml hoisinsaus
120 ml sojasaus
½ theelepel sesamolie

Roer alle ingrediënten door elkaar in een steelpan. Breng aan de kook en zet meteen van het vuur. Serveer bij gegrilde eend, kip, rund- of varkensvlees of strijk het de laatste 10 minuten van de grilltijd op het vlees. Bewaar de saus afgedekt maximaal 2 weken in de koelkast.

Hiernaast, bovenaan: **mierikswortel-bietjessaus**.

Hiernaast, midden: **groene-chilisaus**.

Hiernaast, onderaan: **pikante tomatensaus**.

Mierikswortel-bietjessaus

175 g gekookte rode bietjes
175 g verse mierikswortel, geraspt
1 eetlepel witte-wijnazijn
1 theelepel fijne suiker
zout en versgemalen zwarte peper

Hak de bietjes grof en doe ze in een kom met de mierikswortel, azijn, suiker, peper en zout. Meng alles goed door elkaar en laat 30 minuten intrekken. Serveer bij vlees en vis.

Groene-chilisaus

1 grote groene chilipeper
1 teen knoflook, grofgehakt
1 limoen, alleen het sap
15 g verse koriander, grofgehakt
50 ml zure room
50 ml mayonaise
zout en versgemalen zwarte peper

1 Rooster de chilipeper 3-4 minuten direct op halfhoog vuur tot hij gaat blakeren, draai hem een paar keer om. Laat afkoelen. Verwijder het vel, het zaad en het steeltje en hak hem grof.

2 Doe de chilipeper met knoflook, limoensap en koriander in de keukenmachine en pureer het fijn. Voeg de zure room, mayonaise, zout en peper toe en pureer alles tot een gladde massa. Serveer bij varkensvlees of kip.

Weber® barbecuesaus

3 stengels bleekselderij, gehakt
3 eetlepels gesnipperde ui
2 eetlepels boter
2 eetlepels ketchup
2 eetlepels citroensap
2 eetlepels suiker
2 eetlepels azijn
1 eetlepel worcestersaus
1 eetlepel mosterdpoeder
versgemalen zwarte peper

Smoor de bleekselderij met de boter gaar in een steelpan. Voeg de overige ingrediënten toe. Breng aan de kook en temper het vuur. Dek af en laat 15 minuten sudderen. Warm serveren.

Zoet-pikante vruchtensaus

200 g abrikozen uit blik, op sap
200 g perziken uit blik, op sap
3 eetlepels limoensap
2 eetlepels plantaardige olie
1 ui, fijngehakt
1 teen knoflook, geperst
5 cm verse gember, geraspt
1 rode chilipeper, zonder zaadlijsten en fijngehakt
50 g bruine basterdsuiker
2 eetlepels donkere sojasaus
75 ml witte-wijnazijn
2 eetlepels tomatenpuree

1 Laat de perziken en abrikozen uitlekken en bewaar het sap. Doe het fruit, 3 eetlepels van het sap en het citroensap in de keukenmachine en maal dit tot een gladde puree. Zet apart.

2 Verhit de olie in een steelpan en fruit de ui 4-5 minuten. Voeg de knoflook, gember en chilipeper toe en laat nog 3-4 minuten sudderen tot ze zacht zijn.

3 Giet de vruchtenpuree in de steelpan en roer suiker, sojasaus, azijn, tomatenpuree, zout en peper erdoor. Laat 20 minuten inkoken en iets dikker worden. Laat afkoelen. Serveer koud bij kip, lamsvlees, varkensvlees, groente of schaaldieren.

Klassieke barbecuesaus

1 theelepel zout
125 g kristalsuiker
125 g lichtbruine basterdsuiker
750 ml vleesbouillon
120 ml dijonmosterd
50 ml witte-wijnazijn
120 ml worcestersaus
250 ml tomatenpuree
½ theelepel chilivlokken
1 eetlepel chilipoeder

1 Doe alle ingrediënten in een steelpan met dikke bodem. Breng aan de kook en laat 1½-2 uur sudderen en indikken. Roer regelmatig en voeg zo nodig wat water toe.

2 Strijk deze saus de laatste 10 minuten van de grilltijd op vlees. Hij kan ook bij gegrild vlees worden geserveerd.

desserts

Warme, zonnige dagen en zwoele avonden gaan vaak gepaard met een verlangen naar zomerfruit, knapperige meringues en koud, smeltend ijs. Gelukkig kunnen er op de grill ook overheerlijke zomerse desserts worden bereid, variërend van mini-schuimtaartjes met pruimen tot aardbeienvruchtenijs. Gegrild fruit komt goed tot z'n recht – de suiker komt naar het oppervlak en karameliseert, wat rijke aroma's en een bijzondere smaak oplevert die u desgewenst kunt combineren met cake, ijs of sauzen. Er komen zelfs gebakken desserts, zo vaak geassocieerd met de oven binnenshuis, om de hoek kijken. Probeer eens de kersenamandelkruimeltaart of de gemberpudding die staat te bakken terwijl u en uw gasten van het hoofdgerecht genieten.

perfect fruit

Gegrild fruit is een heerlijk frisse manier om een barbecue te besluiten. Het meeste zachte fruit en een paar harde soorten zoals appels en peren kunnen op de grill, maar het tropische fruit, zoals ananas, mango en banaan is het meest in trek. Welk fruit u ook grilt, maak altijd het grillrooster goed schoon als u er hartige gerechten op heeft bereid en bestrijk het met wat olie (een neutrale). Gril fruit tot z'n natuurlijke suikers zijn gekarameliseerd. Hoewel gegrilde perziken en appels lekker zijn bij vlees en vis, dient het meeste gegrilde fruit toch als dessert en niets is lekkerder dan gegrild warm fruit met koud, smeltend ijs.

Voor de grill geschikt fruit

■ **Aardbeien** Gril hele aardbeien 4-5 minuten indirect op halfhoog vuur. Aan de spies gaat het omdraaien gemakkelijker.

■ **Abrikozen** Halveer ze, verwijder de pit. Rijg ze aan de spies en gril ze 6-8 minuten direct op halfhoog vuur met het snijvlak omlaag.

■ **Ananas** Verwijder de kapjes en de dikke schil. Verwijder eventuele lelijke ogen. Snijd hem in plakken en verwijder met een mesje de harde kern. Gril 6-10 minuten direct op halfhoog vuur, rijg kleine stukjes aan de spies. Eén keer omdraaien.

■ **Appels** U kunt ze schillen, maar de schil houdt ze compact als ze te gaar worden. Halveer ze, verwijder het klokhuis en gril ze 15-20 minuten indirect op halfhoog vuur. Reken voor hele appels 35-40 minuten.

■ **Banaan** Halveer de banaan in de lengte, gril hem met het snijvlak omlaag tot u grillstrepen ziet, en gril hem dan op de bolle kant 8-10 minuten direct op halfhoog vuur.

■ **Mango** Halveer de mango, verwijder de pit en snijd hem in dikke plakken. Gril 8-10 minuten direct op halfhoog vuur.

■ **Nectarine** Halveer de nectarine, verwijder de pit en gril hem met het snijvlak omlaag 8-10 minuten direct op halfhoog vuur.

■ **Papaja** Schil de papaja desgewenst. Snijd hem in de lengte in dikke parten, verwijder de zaadjes. Gril met het snijvlak omlaag 8-10 minuten direct op halfhoog vuur.

■ **Peer** Schil de peer desgewenst. Snijd hem in vieren en verwijder het klokhuis. Gril met het snijvlak omlaag 10-14 minuten direct op halfhoog vuur.

■ **Perzik** Schil de perzik desgewenst. Halveer hem en gril met het snijvlak omlaag 8-10 minuten direct op halfhoog vuur.

■ **Vijgen** Snijd een diep kruis in de vijg en vouw hem open als een bloem. Gril 8-10 minuten direct op laag vuur.

Fruitspiezen

Dit is een leuke manier om verschillende vruchten te serveren. Snijd het fruit in stukjes van gelijke grootte. Gebruik houten spiezen, zodat het fruit niet gaat draaien aan de spies. Week de spiezen 30 minuten in koud water. Bestrijk het grillrooster met olie en gril de spiezen 6-10 minuten direct op halfhoog vuur, draai ze één keer om. Bestrijk ze halverwege de grilltijd met een mengsel van honing en limoensap.

Rechts: **fruitspiezen vormen een pittige en kleurige finale van uw maaltijd.**

U kunt de schuimtaartjes 3-4 dagen bewaren in een luchtdicht afgesloten trommel, zodat u ze ruim van tevoren kunt maken.

Het honingglazuur op de pruimen maakt ze zoet en zorgt er bovendien voor dat ze lekker zacht worden tijdens het grillen.

Schuimtaartjes
met pruimen met honingglazuur

Gas	Indirect/halfhoog vuur	✱ ✱
Houtskool	Indirect	
Bereidingstijd	2 uur	
Grilltijd	5-6 minuten	6 personen

4 eiwitten
snufje zout
200 g poedersuiker + 2 eetlepels
2 theelepels maïzena
1 theelepel witte-wijnazijn
250 g mascarpone
300 ml slagroom
9 rijpe pruimen
1 eetlepel vloeibare honing

1 Verwarm de oven voor op 180 °C/gasstand 3-4. Vet twee grote bakplaten in en bedek ze met bakpapier. Zet apart.

2 Klop in een schone kom de eiwitten schuimig met het zout tot zich pieken vormen. Klop nu zeer geleidelijk de 200 g suiker erdoor, tot het een stijf, glanzend meringuemengsel is. Klop de maïzena en de azijn door het schuim. Schep een lepel meringue op een van de bakblikken en vorm een rondje. Maak een deukje in het midden om het een nestvorm te geven. Maak in totaal zes nestjes, met royaal ruimte ertussen. Bak ze 5 minuten en verlaag de oventemperatuur dan tot 150 °C/gasstand 1 en bak ze 1 uur en 15 minuten. Laat afkoelen op de bakblikken.

3 Klop intussen in een schone kom de mascarpone tot hij zacht is. Klop in een andere kom de slagroom stijf met de 2 eetlepels poedersuiker. Spatel de mascarpone erdoor tot het een gladde massa is. Dek af en zet tot gebruik in de koelkast.

4 Week zes korte bamboespiezen 30 minuten in koud water. Halveer de pruimen en verwijder de pit. Rijg aan elke spies drie halve pruimen (maak de spies zo nodig korter). Bestrijk met de honing. Gril 5-6 minuten indirect op halfhoog vuur.

5 Maak de meringues los van het papier en vul ze met de mascarponeroom. Serveer ze met een warme pruimenspies.

Ananas met groene pepertjes
en sinaasappelkaramel

Gas	Direct/halfhoog vuur	✹ ✹
Houtskool	Direct	
Bereidingstijd	5 minuten	
Grilltijd	6-7 minuten	4 personen

4 dikke plakken verse ananas
1 theelepel groene peperkorrels in pekelnat, uitgelekt en grofgehakt
2 theelepels poedersuiker

Sinaasappelkaramel
125 g kristalsuiker
1 sinaasappel, schil en sap
50 ml slagroom
goed vanille-ijs, voor erbij

1 Wrijf de ananasplakken aan beide zijden in met de peperkorrels. Bestrooi één zijde met suiker.

2 Leg de plakken met de besuikerde kant omlaag midden op het grillrooster en gril ze 6-7 minuten direct op halfhoog vuur, tot ze bruin zijn.

3 Maak intussen de **sinaasappelkaramel**: doe de kristalsuiker en de sinaasappelschil met 2 lepels koud water in een steelpan en laat de suiker op laag vuur oplossen. Breng aan de kook en kook 4-5 minuten tot de massa karamelkleurig is. Roer nu van het vuur het sinaasappelsap en de room erdoor, zet de pan terug en kook alles zachtjes tot een gladde massa. Zet apart.

4 Verdeel voor het serveren de ananasplakken over 4 borden, schep er vanille-ijs op en giet de warme sinaasappelkaramel erover.

Gegrilde vijgen
op Spaanse wijze

Gas	Direct/laag vuur	✹ ✹
Houtskool	Direct	
Bereidingstijd	20 minuten	
Grilltijd	5 minuten	6 personen

1 vanillestokje
120 g verse, zachte geitenkaas
300 ml slagroom
2 eetlepels poedersuiker
12 verse vijgen
50 g goede pure chocolade

1 Splijt het vanillestokje en schraap het merg eruit. Doe dit met de geitenkaas in een kom en klop alles goed door elkaar. Klop in een schone kom de slagroom stijf met de suiker en spatel dan de geitenkaas met vanillesmaak erdoor. Zet tot gebruik in de koelkast.

2 Snijd met een scherp mes een diep kruis in de vijgen en vouw ze open als een bloem.

3 Snijd de chocola in twaalf blokjes. Stop in het hart van elke vijg een blokje en gril ze 5-7 minuten direct op laag vuur tot de chocola is gesmolten en de vijgen zacht zijn.

4 Serveer per persoon twee vijgen op bordjes met een schep vanille-geitenkaasroom erop.

Het sinaasappelsap wordt tijdens het grillen door de banaan geabsorbeerd.

Besprenkel de banaan gelijkmatig met het karamelmengsel om te voorkomen dat een kant te gaar wordt op de grill.

Gekarameliseerde bananen
met kokos en sinaasappel

Gas	Direct/hoog vuur	✹
Houtskool	Direct	
Bereidingstijd	30 minuten	
Grilltijd	5 minuten	6 personen

olie, om in te vetten
7 eetlepels fijne kristalsuiker
van 1 sinaasappel geraspte schillen
2 eetlepels geraspte kokos
300 ml slagroom
2 eetlepels rum
6 grote bananen

1 Bestrijk een bakplaat met wat olie en zet apart. Doe 6 eetlepels van de suiker in een steelpan met 2 eetlepels koud water. Laat de suiker langzaam oplossen en breng hem daarna aan de kook. Laat 6-8 minuten koken tot de massa een karamelkleur heeft. Zet de pan van het vuur en roer de sinaasappelschil erdoor.

2 Schenk de karamel op de ingevette bakplaat en laat 10 minuten hard worden. Breek de karamel daarna in stukken, doe ze met de kokos in de keukenmachine en maal ze tot poeder. Zet apart.

3 Klop intussen de slagroom stijf met de resterende suiker en de rum. Zet tot gebruik in de koelkast.

4 Halveer de ongepelde bananen in de lengte. Knijp er wat sap uit de sinaasappel over en bestrooi de helften met het karamel-kokospoeder. Gril 5 minuten direct op halfhoog vuur met de bolle kant omlaag tot de karamel gesmolten en goudkleurig is. Serveer warm met rumroom. Garneer met sinaasappelschil.

Opmerking van de kok

U kunt het karamel-kokospoeder van tevoren maken, maar bewaar het wel in een luchtdicht bakje en gebruik het nog dezelfde dag.

Perenpakketjes
met amarettikoekjes

Gas	Indirect/hoog vuur	✳
Houtskool	Indirect	
Bereidingstijd	20 minuten	
Grilltijd	15 minuten	6 personen

125 g amaretti-koekjes
75 g geschaafde amandelen
50 g rietsuiker
75 g boter in blokjes
1 citroen, geraspte schil en sap
1 grote eidooier, losgeklopt
6 rijpe perziken

1 Stamp de amaretti-koekjes grof en doe ze in een grote kom. Voeg de amandelen, rietsuiker, boter en citroenschil toe. Bewerk het mengsel met uw vingertoppen tot het op grof broodkruim lijkt. Voeg de eidooier toe en roer alles goed door elkaar tot een samenhangend geheel.

2 Halveer de perziken en verwijder de pit. Dompel elke perzikhelft in citroensap. Verdeel de vulling over de helften, druk hem licht aan.

3 Neem 6 vellen stevig aluminiumfolie van 20 x 20 cm. Leg op elk vierkant twee halve perziken, vouw de punten samen en knijp die samen om de pakketjes losjes te sluiten. Gril 15 minuten indirect op hoog vuur tot de perziken zacht zijn en de vulling sist. Serveer warm met een schep vanille-ijs.

In kirsch geweekte kersen
met amandelkruim

Gas	Indirect/halfhoog vuur	✳ ✳
Houtskool	Indirect	
Bereidingstijd	35 minuten	
Grilltijd	20 minuten	6 personen

700 g verse kersen of 2 blikjes kersen op siroop, van 400 g
2 eetlepels kirsch
1 sinaasappel, alleen de geraspte schil

Kruimelkorst
200 g bloem
150 g boter, in blokjes
75 g geschaafde amandelen
150 g bruine suiker

crème fraîche, ter garnering

1 Bij verse kersen: verwijder de pitten, doe de kersen in een grote kom en schenk de kirsch erover. Voeg de sinaasappelschil toe en roer goed. Laat kersen uit blik goed uitlekken, meng ze met de kirsch en de sinaasappelschil en zet apart.

2 Voor de **kruimelkorst**: doe de bloem en de boter in een grote kom. Bewerk de massa met uw vingertoppen tot hij er uitziet als broodkruim en roer dan de amandelen en de bruine suiker erdoor.

3 Verdeel de kersen over zes ovenvaste borden of leg ze in een grote ondiepe schaal. Bedek met het kruimelmengsel. Zet ze op het grillrooster en gril 20 minuten indirect op halfhoog vuur tot de bovenlaag goudbruin is en het kersenmengsel bubbelt. Laat voor het serveren iets afkoelen en serveer met een lepel crème fraîche.

Linksboven: **perzikpakketjes.**

Rechtsboven: **in kirsch geweekte kersen met amandelkruim.**

Verse perziken zijn het lekkerst voor dit dessert, maar perziken uit de pot kan ook. Ze worden heel zacht maar blijven verrukkelijk.

Kleverige peren-
gemberpuddinkjes

Gas	Indirect/halfhoog vuur	✱ ✱
Houtskool	Indirect	
Bereidingstijd	20 minuten	
Grilltijd	18-20 minuten	4 personen

boter, om in te vetten
bloem, om te bestrooien
1 rijpe peer
75 g boter
130 g lichtbruine suiker
50 g bloem
¼ theelepel bakpoeder
½ theelepel gemberpoeder
½ theelepel kaneel
flinke snuf nootmuskaat
50 ml suikerstroop
1 groot ei, losgeklopt

1 Bestrijk vier puddingvormpjes van 200 ml inhoud met wat boter. Bestrooi met bloem en zet apart.

2 Schil de peer en snijd hem in vier parten. Verwijder het klokhuis en snijd de peer in blokjes. Verdeel ze over de puddingvormpjes. Doe 50 g van de boter met de bruine suiker in een steelpan en verhit zachtjes, goed roerend, tot alles gesmolten en goed vermengd is. Giet dit over de peer. Zet apart.

3 Zeef bloem, bakpoeder, gemberpoeder, kaneel en nootmuskaat boven een vel bakpapier. Zet apart.

4 Smelt de resterende boter, zet de pan van het vuur en klop de suikerstroop erdoor. Laat afkoelen en klop dan het ei erdoor. Klop de gezeefde droge ingrediënten erdoor.

5 Verdeel het mengsel over de vier vormpjes. Zet ze op het grillrooster en gril 18-20 minuten indirect op halfhoog vuur.

6 Laat de puddinkjes iets afkoelen, stort ze om en serveer warm met een schep vanille-ijs.

Opmerking van de kok

U kunt deze puddinkjes van tevoren maken. Dek ze dan af met plastic folie. U kunt ze ook grillen terwijl u en uw gasten van het hoofdgerecht genieten.

Geroosterde aardbeien
met vanille-ijs

Gas	Indirect/halfhoog vuur	✱
Houtskool	Indirect	
Bereidingstijd	20 minuten	
Grilltijd	6 minuten	4 personen

1 kg aardbeien
4 eetlepels poedersuiker
3 eetlepels balsamicoazijn
150 ml slagroom
3 eetlepels gehakte noten
goed vanille-ijs, voor het serveren

1 Doe de helft van de aardbeien, 2 eetlepels van de poedersuiker en de balsamicoazijn in de keukenmachine en maal dit tot een gladde saus. Zet tot gebruik in de koelkast.

2 Klop de slagroom stijf met 1 eetlepel poedersuiker en zet hem in de koelkast. Rooster de noten goudbruin onder de voorverwarmde grill. Laat afkoelen.

3 Rijg de resterende aardbeien aan twee of drie metalen spiezen en bestrooi met de resterende poedersuiker. Gril ze 6 minuten indirect op halfhoog vuur tot er grillstrepen op staan, draai ze één keer om.

4 Schep wat saus in vier sorbetglazen en leg er twee bolletjes vanille-ijs op. Haal de aardbeien van de spiezen en verdeel ze over de glazen, bewaar er vier ter garnering. Schep bovenop wat slagroom. Giet er nog meer aardbeiensaus over en bekroon met de gehakte noten en een aardbei.

Rechts: **geroosterde aardbeien met vanille-ijs.**

register

A

Aardbeien, geroosterd, met vanille 154
Accessoires 22
Ananas met groene pepertjes en sinaasappelkaramel 148
Aromatische kip met citroenmelisse of munt 73
Asperges, geroosterde met verse parmezaanse kaas 123
Auberginerolletjes met geitenkaas en raita 36
Aziatische saus 140

B

Bananen, gekarameliseerde met kokos en sinaasappel 151
Barbecuesauzen 140–141
Boerensandwich met gegrilde groenten 124
Bruschetta met tomaten en ansjovis 35

C

Cajunkruidenmix 26
Char-sui-varkenshaas met pruimensaus 97
Chinese marinade, klassieke 25
Citroen, kruidenmix met 27
Citroen-venkelboter 28
Courgettes met munt en hummus 38
Couscoussalade, kruidige, met pijnboompitten en rozijnen 138

D

Desserts:
   Ananas met groene pepertjes en sinaasappelkaramel 148
   Gegrilde vijgen op Spaanse wijze 149
   Gekarameliseerde banaan met kokos en sinaasappel 151
   Geroosterde aardbeien met vanille 154
   Kersen, in kirsch geweekt, met amandelkruim 152
   Kleverige peren-gemberpuddinkjes 154
   Perenpakketjes met amarettikoekjes 152
   Schuimtaartjes met pruimen en honingglazuur 147
Directe bereiding 14, 19
Drie-pepersboter 28

E

Eend, bereiding 65–66
Eendrecepten:
   Eendenborst met Indonesische marinade 81
   Eendenborst met rode-wijnsaus 80
   Krokante eend met peren-kumquatchutney 81

F

Fetasalade met drie soorten bonen 134
Friet, zelfgemaakt, met pikante ketchup 106
Fruit voor de grill 144

G

Garnalenrecepten:
   Australische garnalen en st.-jakobsschelpen aan de spies 52
   Gezouten garnalen met oreganodipsaus 55
Gas, grillen op 18–19
Gegrilde kipfilet met drie Chinese sauzen 74
Gegrilde rumpsteak met zoete Aziatische marinade 100
Gegrilde steak met tomatensaus 94
Gegrilde schouderkarbonades met pikante kruidenmix 98
Gekarameliseerde bananen met kokos en sinaasappel 151
Gemengde salade met zomerkruiden 139
Geroosterde-aspergesalade met verse parmezaan 123
Geroosterde-chiliboter 28
Gevogelte, bereiding 63–67
   Piepkuiken, gedresseerd, met appelglazuur 79
   Gevulde kippenpoten met gegrilde rode paprika's 77
Gevulde tomaten met salsa verde 127
Gezouten garnalen met oreganodipsaus 55
Grillen, tips en wenken 20–21
Groene-chilisaus 140
Groenten, bereiding 117–128
Grote garnalen met pikant-zoete saus 34

H

Halloumi-kebabs met champignons en pindasaus 121
Ham, hele geroosterde, met sinaasappel-abrikozenglazuur 100
Hamburgers, klassieke, in geroosterde sesambroodjes 106
Hele kalkoen, gevuld met tijm en sinaasappel 71
Honing-mosterdsaucijsjes met uienspiezen 94
Houtskool, grillen op 12–17

I

Indirecte bereiding 15, 19

K

Kalfskoteletten met rozemarijn en gegrilde paddestoelen 93
Kalfsvlees 87–88
Kalkoen, bereiding 64–67
Kalkoenrecepten:
   Hele kalkoen, gevuld met tijm en sinaasappel 71
   Kalkoenschnitzels met mosterd en gekarameliseerde uien 70
Kersen, in kirsch geweekt, met amandelkruim 152
Kikkererwtenburgers met mayonaise en krokante uitjes 76
Kip, bereiding 64–67
Kiprecepten:
   Aromatische kip met citroenmelisse of munt 73
   Gegrilde kipfilet met drie Chinese sauzen 74
   Gevulde kippenpoten met gegrilde rode paprika 77
   Kip-fajita aan de spies met guacamole 71
   Kippenvleugels met gember en citroen 35
   Pikante kipstukjes op tandooriwijze 69
Kleverige peren-gemberpuddinkjes 154
Knoflookgarnalen in prosciutto 34
Koriander-sinaasappelboter 28
Krabcakejes met chilidipsaus 60
Krokante eend met peren-kumquatchutney 81
Kruidenboters 28–29
Kruidenmixen 26–27
Kruidige couscoussalade met pijnboompitten en rozijnen 138

L

Lamsvlees 86–89
Lamsvleesrecepten:
   Lamskoteletten met gember en port 95
   Lamsspiezen met cognac-kruidensaus 95
   Provençaalse lamscarré met witte-bonensalade 90

M

Maïs aan de kolf 110
Makreel, gegrilde, met pittige dilledressing 59
Marinades 24–25
   Marinade van citroen, knoflook en oregano 24
   Marinade van dille, mierikswortel en zwarte peper 25
   Marinade van mosterd en witte wijn 25
Marokkaanse kruidenmix 27
Mediterrane salade met gegrilde paprika's en

croutons 137
Mierikswortel-bietjessaus 140

O

Oesters, gegrilde, in boterige barbecuesaus 36

P

Paprika's, geroosterde, met geitenkaas en couscous 124
Pepersteaks met romige cognacsaus 98
Peren-gemberpudding, kleverige 154
Peren-kumquatchutney 81
Perenpakketjes met amarettikoekjes 152
Pernod-venkelboter 60
Piepkuiken, spatchcocked met appelglazuur 79
Pikante kipstukjes op tandoori-wijze 69
Pikante marinade met gember en yoghurt 24
Pizza, klassieke margherita 128
Provençaalse kruidenboter 28
Provençaalse lamscarré met witte-bonensalade 90

R

Roken 16, 18
Romige cognacsaus 98
Rozemarijn-knoflookmarinade 24
Rundvlees, bereiding 86–88
Rundsvleesrecepten:
　Pepersteaks met romige cognacsaus 98
　Ribstuk à la Buffalo met blauwe-kaasdressing 108
　Rumpsteaktortilla's met Mexicaanse dipsauzen 114
　Steaksandwich met Santa Maria-saus 109

S

Saladerecepten:
　Aardappelsalade met dille en kappertjes 134
　Fetasalade met drie soorten bonen 134
　Gemengde salade met zomerkruiden 139
　Kruidige couscoussalade met pijnboompitten en rozijnen 138
　Mediterrane salade met gegrilde paprika en croutons 137
　Tomatensalade met basilicum en mozzarella 138
　Waldorfsalade 139
　Witte-bonensalade 90
Sardines, gegrild, met chili-citroendressing 55
Satés, gemengde, met pindasaus 32

Sauzen:
　Aziatische saus 140
　Basilicum-muntcrème 56
　Blauwe-kaasmayonaise 76
　Boterige barbecuesaus 36
　Chilidipsaus 60
　Chilisaus 74
　Gember-sojasaus 74
　Groene-chilisaus 140
　Jerk sauce 110
　Klassieke barbecuesaus 141
　Lente-uitjessaus 74
　Mierikswortel-bietjessaus 140
　Oreganodipsaus 55
　Pindasaus 32
　Pikante peper-azijnsaus 113
　Pikante pindasaus 121
　Pikante tomatensaus 140
　Pikant-zoete saus 34
　Pikant-zoete vruchtensaus 141
　Pittige ketchup 106
　Pruimensaus 97
　Rode-wijnsaus 80
　Santa Maria-saus 80
　Weber® barbecuesaus 140
Schuimtaartjes met pruimen met honingglazuur 147
Spareribs uit Kansas-City met pittige bbq-mix 114
Spatchcocked piepkuiken met appelglazuur 79
Spiezen:
　met Australische garnalen en st.-jakobsschelpen 52
　met fruit 144
　met gevogelte 65
　met groenten 119
　met halloumi, champignons en pindasaus 121
　met honing-mosterdsaucijsjes en krokante uitjes 94
Steakrecepten:
　Gegrilde rumpsteak met Aziatische marinade 100
　Gegrilde steak met tomatensaus 94
　Pepersteak met romige cognacsaus 98
　Rumpsteaktortilla's met Mexicaanse dipsauzen 114
　Steaksandwich met Santa Maria-saus 109

T

Teriyaki-visbiefstukjes met groene en zwarte rijst 56
Texas-kruidenmix 27
Thaise zalm met pad thai-noedels 50
Tomaten, gevulde, met salsa verde 127
Tomatensalade met basilicum en mozzarella 138

V

Varkensvlees, bereiding 86–87, 89
Varkensvleesrecepten (zie ook: worstrecepten):
　Char-sui-varkenshaas met pruimensaus 97
　Gegrilde schouderkarbonades met pikante kruidenmix 98
　Hele geroosterde ham met sinaasappel-abrikozenglazuur 100
　Spareribs uit Kansas City met pittige bbq-saus 114
　Stukjes varkensschouder met pikante peper-azijnsaus 113
Vijgen, gegrilde, op Spaanse wijze 149
Vis, schaal- en schelpdieren, bereiding 43–49
Vis, schaal- en schelpdieren, recepten:
　Australische garnalen en st.-jakobsschelpen aan de spies 52
　Gegrilde makreel met pittige dilledressing 59
　Gegrilde mosselen met pernod-venkelboter 60
　Gegrilde sardines met chili-citroendressing 55
　Gezouten garnalen met oregano-dipsaus 55
　Hele vis met charmoulaboter 52
　Krabcakejes met chilidipsaus 60
Vlees, bereiding 85–89

W

Waldorfsalade 139
Worstrecepten:
　Honing-mosterdsaucijsjes met uienspiezen 94
　Worstenbroodjes met gemarineerde rodekool 92

Z

Zalmrecepten:
　Thaise zalm met pad thai-noedels 50
　Zalmfilets met basilicum-muntcrème 56
Zoet-pikante kruidenmix 26
Zoet-pikante vruchtensaus 141

Verantwoording

Weber en de redacteuren willen de volgende mensen bedanken voor hun medewerking aan dit boek: Debbie Nakos, Jeff Stephen, Edna Schlosser, Susan Radcliff, Gareth Jenkins, Sonia Cauvin Susan Maruyama; en iedereen bij Perdiguier.